※本書はコンテンツプラットフォームのｃａｋｅｓに掲載された記事をまとめたものです。

はじめに

あなたは次の項目に心当たりはありませんか？

- 服はスーパーや量販店で買うことが多い
- 学生時代と着ている服がほとんど変わらない
- 洋服のサイズはゆとりのあるもののほうが着やすくて好き
- 母親や奥さんに服を買ってきてもらっている
- シンプルな服よりも、デザインにひと工夫のある服にひかれる
- 5年前に買ったヨレヨレの服を今でも着続けている
- 一目惚れで買ってしまったけど、着なくなった服がたくさんある
- フリルがついているかわいらしい服が好き

以上に挙げたのは、街でよく見かける「イマイチな服装」の例です。「ひょっとしたら自分のことかもしれない」と、心当たりに感じた方もいらっしゃるかもしれません。

「服選び」と言うと、なんだか面倒に感じたり、ファッションが好きな人が楽しむものと敬遠してしまう人もいるでしょう。でも、服選びは実はまったく難しくありません。最低限の知識を身につけて、最小限のアイテムをそろえればいいだけです。必要なのは、センスではなく技術、なのです。

僕は、パーソナルスタイリストとして、今まで1000人以上の方の着こなしの改善に関わってきました。僕のお客様は、会社員の方や公務員の方、または主婦の方など、ごくごく普通の方々ばかりです。

スタイリストといっても、デザインが強調された高価なブランド物ばかりおすすめしているわけではありません。ファッション雑誌に載っているような「100点の着こなし」を目指すのであれば、そういったアイテムも必要かもしれません。しかし、そういったデザインされたアイテムを買ってしまうのは、決まったアイテム以外との組み合わせがむずかしく、あまりおすすめできません。

僕がおすすめしているのは、シンプルなジャケットや無地のシャツ、ストレートジーンズなど、ごくごく普通のアイテムばかりです。じつは、そういう普通のアイテムを、最小限の数そろえるのが、もっとも便利なのです。シンプルなアイテムばかりであれば、どう組み合わせても間違いが起こりません。いつでも迷うことなく、常に80点以上の格好ができるようになります。そして、そういうベーシックなアイテムは、予算に応じて選ぶことができます。だからこれは、一度おぼえてしまえば一生使っていける服選びの法則なのです。

この本には、僕がパーソナルスタイリストとして培ってきた知識を惜しみなく書きました。まずは、服選びの基本的な考え方を書いたＰａｒｔ１を読んでいただければ、服選びは決して難しくないということがわかっていただけると思います。Ｐａｒｔ２以降では、具体的なお店の選び方、アイテムの選び方、店員さんとの付き合い方などをご紹介します。最後まで読み終わったときには、服選びを身近で楽しいものと感じられるはずです。

私たちは毎日服を着ます。そして周りにいる人たちはあなたの服装から日々、様々な印象を受け取っています。服選びの技術を身につけることができれば、それだけであなたの印象はがらっと変わり、仕事もプライベートも充実していきます（実際、私のお客様から、そういう声を多数いただいています）。服選びには、人生を変える力すらあるのです。

みなさんも、楽しみながら、一緒に服選びの技術を身につけていきましょう。

目次 *contents*

Part3 アイテム選びの基本の基本

Part4 店員さんを味方につければ買い物が100倍楽しくなる

Part 5

さらにステップアップするためのテクニック……129

モデル　大木 誠
　　　　松岡 渚
衣装協力　フォーナインズ　03-5727-4900
撮影協力　RYU'S　03-3467-6319
※上記以外の商品は全て著者の私物です。掲載された商品の価格は、本書発売当時のものです。

Part 1

これだけは押さえておきたい服選びの基本の基本

01
服選びが苦手な人は2種類いる

最初に結論からお伝えします。洋服の着こなしに最も必要なのはセンスではなく、技術です。その技術さえ知っていれば、周りから「センスがいい」と思われるファッションが実現できます。しかし基本を身につけるためには、今の自分の服装を見直し、今まで洋服に抱いていた誤解を改め、まっさらな気持ちで学んでいくことが大切です。

私が日々仕事で、さまざまなお客さまをコーディネートする中で気づいたことがあります。着こなしが苦手な方には次の２つのタイプが存在するということです。

無頓着型

まずは**「無頓着型」**の方です。このタイプの方はあまり自分の服装に興味がなく、学生時代からほとんど服装が変わっていないという特徴があります。服を選ぶ基準は「安さ」「着やすさ」「機能性」の３点。このようなポイントを重視して洋服を買っている方は注意が必要です。無頓着型の人は、ヨレヨレの服を何年も着続けたり、デザイン的にも古臭さを感じるようなものをずっと着続けますので、周囲からの印象は「くたびれた雰

無頓着型

無頓着型の人は、服にまったく興味を持っていないため、何年も前に買った服をずっと着続けていたり、親や奥さんに買ってきてもらったりする人が多いようです。洋服のデザインには流行があり、数年経つと古臭さを感じさせるようになります。また、人に買ってきてもらうのは試着ができないのでNGです。平日はスーツを着ているのでごまかせてしまいますが、普段着がこれでは周りから幻滅されかねません。

囲気」になりがちです。大人のファッションに求められる「清潔感」とは正反対になりますので、決して印象がよいとは言えません。

ただし、そういったタイプの方は服装に対してあまりこだわりがないため、いざ本腰を入れて改善に取り組むと、比較的スムーズに問題解決することができます。

独自センス型

そしてもう一方が**「独自センス型」**です。実はファッションが苦手な方の7割がこちらに分類されます。もしあなたが、洋服は「自由に好きなものを着るべき」と考えているなら、独自センス型にあてはまる可能性が高いです。そもそも今、あなたがこの本を読んでいる理由はなんでしょうか。洋服は嫌いじゃないけど、自分のファッションになんとなく自信が持てないからではないでしょうか。試しに、以下の項目を確認してみてください。

- ●買ったはいいけど、着こなせない服がたくさんある
- ●クローゼットの中がいつもパンパン。服がなかなか捨てられない
- ●似たようなテイストの服ばかりを買ってしまう

独自センス型

キザっぽい印象のハット

派手な柄の
入ったシャツ

着丈が短すぎる
ジャケット

独自センス型の人は、実はファッションが嫌いではありません。そのうえで「着たいものを着るべき」と考えているため、客観的な視点が抜け落ちてしまいます。ファッションには基本のルールがあり、それを知らずに個性をアピールしようとすると、どうしてもインパクトの強い服に手を出してしまい、全体として印象が悪くなります。それなのに自分のセンスに自信を持っている人も多く、なかなかそのことを自覚できません。

●通りすがりの店でなんとなく見た服を買ってしまう
●「個性的ですね」と言われることがあるが、「おしゃれですね」とは言われない
●インパクトのある服が好き。無難な服はあまり着ない
●服はそこそこ持っているけど、気に入った服はあまり持っていない

いかがでしょうか。もし3つ以上あてはまる項目があった方は、独自センス型の可能性が高いです。独自センス型の方は、自分では服装に気を配っているという認識があるので、そもそも問題に気づきにくいのです。まずは自分が独自センス型だということに気づくことが第一歩になります。

着こなしに必要なのはセンスよりも技術

では、このような服選びが苦手な2種類の人たちは、どのようにして問題解決をすればいいのでしょうか？　実はどちらのパターンの方も解決方法は同じです。必要最低限の技術を知ることで、問題解決ができるのです。

「ファッションはセンスが一番大切なんじゃないの？」

ひょっとしたらこのようなことを思われるかもしれません。たしかに突き詰めていく

と、ファッションにはセンスが必要です。さまざまな服に袖を通しながら、少しずつセンスを高めていく必要があります。そしてセンスというものは一朝一夕で手に入れられるものではありません。しかしこの本を手に取ったあなたが目指しているのは、はたして「おしゃれ上級者」なのでしょうか？　ファッション雑誌に載るようなおしゃれ上級者になりたいのであれば、やはりセンスは必要ですし、年月をかけてコツコツと磨き上げていく必要があります。しかし、もしあなたが誰からも好感を持たれるような自然体の服装を目指したいと思っているのであれば、センスがないことを心配する必要はまったくありません。知識を身につけることができれば、大人としてふさわしいファッションをご自身で選ぶことができるようになるのです。

そう、大人の着こなしに重要なのは「センス」ではなく「必要最低限の知識」なのです。

02

服選びはふつうが一番

服選びが苦手なあなたは今何を着ればいいのか。**「シンプルなトップス」と「シンプルなボトムス」、そして「長く使える上質な小物」それだけです。**え、それだけ？　と思われるかもしれません。でも大人のファッションは実は**「ふつう」**が一番大切です。「ファッション」と聞くと、どうしても華やかなものを想像してしまいがちですが、本当に必要なアイテムというのは華やかさとは対極にある、ごくごくふつうの服なのです。

私にコーディネートを依頼してくださる方々に「理想のファッションとはどのようなものですか？」と質問をすると、男女問わずこのような言葉が返ってきます。「あまり背伸びをしていない」「気恥ずかしくない」「なんとなくこなれて見える」。これらすべてに共通するのが「ふつうである」ということです。もしあなたが服選びに悩まれているのであれば、ものすごくおしゃれになりたいというわけではなく、少しでも相手に好印象を持ってもらえるような服装を求めているのではないでしょうか。もしそうであれば、**自分らしさを求めたり、個性を表現しようとする前に、まずは平凡なくらいの「ふつう」を目指してみてください。**

実はおしゃれすぎることでかえって引かれてしまうことも少なくありません。誰もがファッション誌に載るモデルのような服装に、憧れを抱いているわけではないのです。お金をかけすぎず、無理をしない「ふつうの服装」でも、十分に好感を持ってもらうことが可能です。

では服選びにおける「ふつうさ」とはどのようなものなのでしょうか？　私が考える「大人のふつうのファッション」を実現できる服装とは、

●ベーシックであること
●自然であること
●清潔感があること
●シンプルであること

この4つの要素を備えているものです。パッと見は特に派手さもなく、特におしゃれだなと思わせる要素もないのですが、着てみると身体に自然に馴染み、上質で品のよさを感じる。そのような服こそ「大人のふつうのファッション」には必要不可欠なのです。

大人の「ふつう」のファッション

シャツ、ジャケット、パンツというふつうのファッションです。この本で目指すのは、このような「大人のふつうのファッション」です。派手な柄や過剰な装飾がなくても、アイテムの色、サイズ、質を見極める知識さえ得られれば、誰でも簡単に身につけることができます。

03 ファッションは誰のためのものか

しかしそうは言っても「やっぱり自分の好きな服を着たい」と思う方もいるかもしれません。でも、考えてみてください。そもそもファッションは誰のためのものなのでしょうか？　多くの方が「自分のためのもの」だと思うかもしれません。しかし自分の今着ている服装は、鏡にでも映さないと、ちゃんと自分で見ることはできません。**つまりあなたの服装を日常的に見ているのは、自分以外の他人なのです。**

学生時代であれば、自分さえ楽しめればいいのかもしれません。しかし大人のファッションは「**人から自分はどのように見られているのか**」を意識することが大切です。**なぜならファッションは「自分はどのような人間なのか」を示す1つの指標となるからです。**ちゃんとした大人でも、パッと見の印象で「だらしない」「常識がなさそう」などとマイナスの印象を与えてしまうと、そのイメージを払拭するのはとても大変です。仕事においても、プライベートにおいても、服装で損をしてしまうことがないように最低限の気遣いをすること。そのような小さな心がけが日々の生活を豊かにしてくれるのです。

また、私がお客さまと話していると、「休日の服くらい自由に着てもいいのでは？」という意見もよく聞きます。しかし自由というのはとても難しいものです。誰にも教わったことのない大人のファッションを自由に着こなそうとしても、買うお店もわからなければ、何を買えばいいのかもわからないものです。だからこそ大人のファッションにおける基本的な知識を学んでおくことが効果的なのです。

大人のファッションは自分だけのためのものではなく、周囲の人との関係性をスムーズにするために必要不可欠なものなのです。実際私のお客さまにも、服装が変わっただけで自分に自信がつき、苦手だった初対面の相手とも緊張せずに話せるようになったという方がたくさんいます。今まで恋人がいなかった方のコーディネートをした後、その方に恋人ができ、ご結婚されたというご報告をいただく機会も少なくありません。このような私の体験から断言します。**服には「人生を変える」ほどのインパクトがあるのです。**

04

「ベーシックな服装」の考え方

服選びの基本を身につけるためには、まず「ベーシックな服装」の意味を理解しておくことが大切です。では「ベーシックな服装」とは具体的にはどのようなものなのでしょうか。たとえば、左に2枚のシャツの画像があります。どちらがおしゃれに見えますか？

大きな違いは「ボタンの色」と「糸の色」です。上のほうがおしゃれだと思った方は注意が必要です。服選びが苦手な方というのは、「わかりやすい特徴のあるデザイン」に魅力を感じやすい傾向にあります。このシャツの場合、ボタンや糸の色がわかりやすいデザインの特徴になります。実はこのようなデザインは、大人のファッションにはあまりふさわしくありません。なぜならこのようなデザインは、必要以上におしゃれに見せようと背伸びをしている様子が相手に伝わってしまうからです。

何度もお伝えしている通り、大人のファッションには「ふつう」がとても大切です。パッと見では大して特徴のないシャツを選ぶことが実は大切なのです。よい服にはわかりやすい装飾はなく、とてもシンプルです。

ベーシックな服を選ぶうえで、具体的には以下の3つのポイントをしっかりと確認してみてください。

できるだけシンプルな「無地」の服

ベーシックな洋服とは、やはり「無地」になります。特にシャツやTシャツ、スカ

白のカッタウェイシャツ。これだけシンプルなデザインでもシルエットがよければそれ1枚で着ても品のよさが伝わります。

ートなどを選ぶ際、文字が入っていたり、花柄が入っていたり、そういったわかりやすい特徴のあるものには安易に手を出してはいけません。柄物を選ぶのにはコツがいります。失敗するとチープな印象にもなりかねません。飛び級をせずに、**まずはシンプルな「無地」を選ぶことが大切です。**

単色の合わせやすい服

ベーシックな衣服はたくさんの色を使っていません。一見無地に見えるシャツでも、襟が二重になっていたり、襟の裏に切り返しが使われているものも少なくありません。

2色以上使われている服は、他の服との合わせ方がとてもむずかしいのです。多くの色が使われている服はごちゃごちゃした印象にもなりますし、バランスが取りにくく、安っぽく見えてしまうことがありますので注意が必要です。まずは必ず**単色で構成されている服**を選んでみてください。

グレー単色のポロシャツ。シンプルなのでとても合わせやすく、夏場に重宝します。ジャケットに合わせても素敵です。

無駄な装飾がついていない服

刺繍がしてあったり、レースがついていたり、そういった「装飾」は柄物と同様に上級者向けなので、基本を押さえるまでは我慢しましょう。装飾のある服はお店の中でも目立つので、どうしても魅力的に感じてしまいます。しかし、そういったおしゃれさを主張しているアイテムは、実際街で着ているとむしろ安っぽく見えてしまうことが多いのです。**できるかぎりシンプルなもの、装飾がないものから選ぶようにしてください。**

まずは以上の3つのポイントを意識しながら、洋服を買うようにしてみてください。もしかしたら「でもベーシックってなんか退屈そうじゃない？」なんて思う方もいるかもしれません。それは誤解です。**むしろこのようなベーシックなアイテムだからこそ、ひとつひとつ個性がぶつからないため、さまざまな着こなしが可能になるのです。**個性の強い服で主張するのではなく、組み合わせによって個性を出すことが大人のファッションの愉しみ方の1つです。

裾をパンツに入れて着る淡いブルーのシャツ。装飾や柄がなくても、それだけで華やかな印象を与えます。仕立てのよさや素材のよさで十分素敵に見えます。

05 服選びが苦手な人はディテールや機能にこだわりがち

先ほど例に挙げたように、私たちはついついわかりやすいデザインの特徴に魅力を感じてしまいがちです。目立った特徴のないプレーンなシャツよりも、デザインに工夫のあるように見えるシャツを選んでしまうものです。ですが、**パッと見の印象は地味でも、本当によいシャツほど着たときに初めてわかるようなシルエットのよさを備えています。**

私のお客さまにシルエットのよいシャツを着てもらうと、「着ただけで痩せたように見える！」と驚かれる方が非常に多いです。それは、服から無駄な部分が削ぎ落とされ、身体にほどよくフィットするように作られているからなのです。洋服のデザインで大切なことは、装飾を施すことだけではなく、どんな体形の人でも美しく見せるように形作ることでもあります。**ちゃんとしたデザインの服であれば、体形をすっきり見せてくれる効果があるのです。**

かといって「機能性」にも注意が必要です。機能性のみを重視すれば、ファッションはどんどんカジュアルな方向へ流れてしまいます。たとえば、街なかでよく見かけるのがスニーカーと革靴の中間のようなデザインの靴です。

たしかに、見た目は革靴っぽいのに歩きやすいという利便性があります。すぐに脱ぎ履きができるし、革靴と比べて履き心地がよいです。しかし、どっちつかずで中途半端な印象を与えてしまいます。履き心地を重視するのであれば、革靴のような見た目である必要はありません。

たとえばニューバランスのように、大人のファッションに相性のよいスニーカーというのもあります。機能性ばかりを求めると、どうしても中途半端な見た目になってしまうので、むしろ思い切ってスニーカーを選んだほうがいいでしょう。**もし革靴を履きたいのであれば、スエードのような足になじみやすい素材のシンプルな革靴を選びましょう。**

大人のファッションはカジュアル一辺倒になってもいけません。崩しすぎない適度な大人らしさを常に意識するようにしてみてください。

写真の靴のような便利なものがおしゃれに見えるとは限りません。スエードの革靴や、ニューバランスのスニーカーを選びましょう。

06 服選びの7割はサイズで決まる

ベーシックな服にとって、「サイズ選び」がとても重要になります。正直な話、街で歩いている人を見ていると、自分に合った適正なサイズを着ている人はあまり多くありません。どんなに素敵な服でも、サイズが合っていなければ台なしです。

たとえば、次のページに似たようなデザインの2着の服があります。1着はデザインが凝っているけどサイズが合っていない服。もう1着はシンプルだけどサイズがしっかりと合っている服です。はたしてどちらの服のほうがパッと見の印象がいいでしょうか。実は後者のほうが断然印象はよくなります。せっかくの高い服も、サイズ選びを間違えてしまうと、価格の安い服よりもだらしなく、安っぽく見えてしまいます。**実はファッションの良し悪しは「シルエット」に大きく左右されます。**サイズがちゃんと合っているシンプルな服さえ着れば、その服はとてもよいもののように見えるのです。

それではなぜ多くの人がサイズを間違えてしまうのでしょうか。実は私のお客さまの中にも、大きめのサイズを好む方がたくさんいらっしゃいます。その理由の大半が、体形を隠すためについつい大きめのサイズを選んでしまうことです。もちろんこれは大き

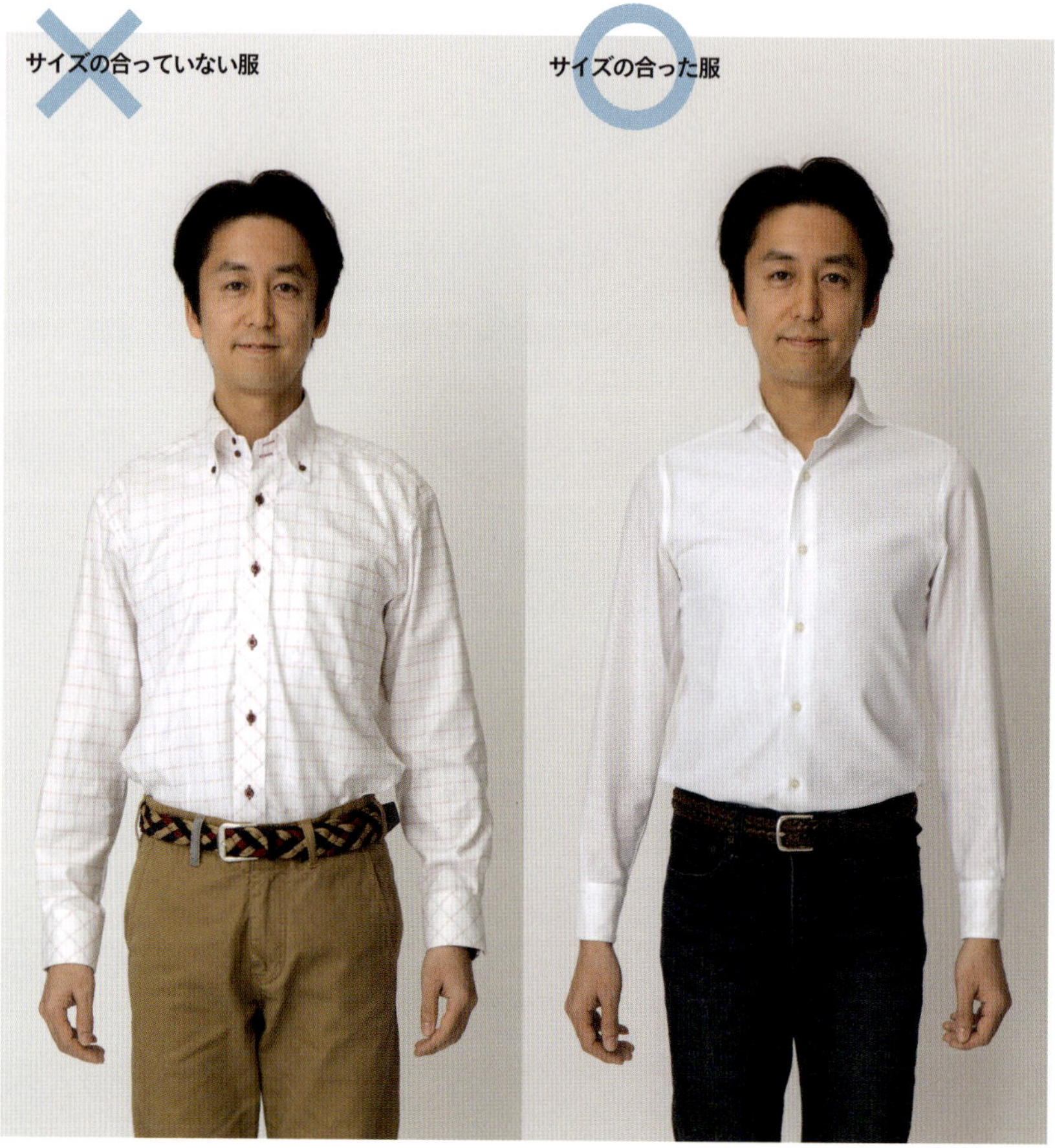

左のような大きめの服を選ぶと、シルエットが崩れて太って見えてしまいます。右のような、胴だけでなく腕周り、袖の長さもピッタリな服を着るとスタイルもよく見えます。

な間違いです。サイズが大きいとどうしてもシルエットが広がってしまい、だらしない印象を与えてしまいます。サイズ選びのポイントは、大きめよりも少し小さめを選ぶことにあります。試着する際には、いつものサイズと一緒に1つ小さめのサイズも試してみるようにしてみてください。その際、自分だけで判断しないことが大切です。店員さんの意見もぜひ参考にしてみてください。

「でも小さめのサイズだと、ツンツルテンで格好わるくない？」という意見もあるかもしれません。もちろん小さすぎる場合、決して素敵だとは言えません。**ここでお伝えしたいのは「いつも選んでいるサイズを疑ってほしい」ということなのです。**「ファッションは好きなものを着るべきだ」と考えてしまう人は、自分を客観的に見ることができないので、今着ている服のサイズが正しいのか判断することが得意ではありません。そのサイズ選びが本当に正しいかどうかはときどき見直す必要があるのです。

たとえば同じMサイズでも、時代の変化や体形の変化、またはお店やブランドによっても選ぶべきものが変わってきます。場合によってはSが適正かもしれませんし、逆にLが正しい場合もあります。服を買う際には必ず試着をして、今の自分に合う適正サイズを確認してください。そして店員さんに客観的な意見を求めてください。ときには1サイズ下のものを試しながら、なるべく身体にぴったりと合う1着を選ぶようにしましょう。

07 量より質! クローゼットを断捨離しよう

実はファッションの本質的な改善に必要なのは、「買う」ことではなく「捨てる」ことです。私はお客さまとお会いする前に、「持っている服をほとんど捨てる覚悟はありますか?」と質問するようにしています。なぜなら、ファッションを改善するためには、今までの価値観を一度リセットする必要があるからです。**「捨てる覚悟」ができていないと前には進めません。**1週間を過ごすためには、多くても7着あれば足りるはずです。それなのに、あなたのクローゼットは着ていない服であふれていませんか? お客さまのクローゼットの中を拝見する機会があるのですが、ほとんど着ていない服がごっそりと眠っています。

その結果、毎朝のコーディネートに煩わしさを感じてしまったり、新しい服を買うことをためら

ファッションが苦手な人に多いのがものを捨てられない人。結果的にクローゼットがパンパンになってしまいます。

ってしまう方が非常に多いのです。思い切って、一度クローゼットの中身をリセットすることが大切です。次のような服はすべて手放しましょう。

- ●シンプルじゃない服
- ●サイズが合っていない服
- ●使いにくい柄物の服
- ●くたびれている服
- ●1年以上着ていない服

どんなにたくさんの服を持っていたとしても、「よく着る服」というのは限られています。着ることで気持ちが高まる服だけを残して、残りはすべて手放してください。せっかく新しい服を買っても、溢れかえったクローゼットの中に放り込んでしまうと、なかなか上手に活用することができないものです。あえて言います。**今持っている服のほとんどを捨てることから始めましょう。捨てることで新しいファッション習慣が身につくのです。**

08
まとめ

準備は整いましたか？　いよいよあなたの新しい服選びの第一歩が始まります。大人のファッションは技術があれば身につけることができます。その技術とは大人のファッションは「ふつう」が一番なのを知ること。無地の服、装飾のない服、そして単色の服。このような「ふつうさ」を感じるアイテムをまずは徹底的にそろえてみてください。

大切なのは「客観性」を持つことです。周囲の人たちにどのような印象を与えたいのか、このような視点を持つことが、大人のファッションには大切です。

そして具体的な方法として、まずはクローゼットの中の衣服を徹底的に減らすことが大切です。新しい服を買うのであれば、まずはクローゼットの中に隙間を空けてから迎えてあげてください。

それでは「大人のファッション講座」を始めましょう。この1冊を読み終わる頃には、あなたの人生はより楽しく、豊かなものに変わっているはずです！

Part 2

まずはお店選びから――
予算別、目的別の
ショップ活用術

01 どんな基準でお店を選べばいいのか

Part1では大人のファッションには「ふつう」が一番だということをお伝えしました。続いてPart2ではその「ふつう」の服はどこで買えばいいのか？　という点について解説していきたいと思います。

世の中にはたくさんのお店が存在します。多くの選択肢の中から自分に合ったお店を選ぶというのは、とても難しいことのように感じるのではないでしょうか？　実はお店には選ぶ基準があります。その基準さえ理解すれば、お店選びに失敗することはありません。そしてお店選びさえ間違わなければ、買い物が失敗する可能性も大きく減らせます。**「服選びの半分はお店選びで決まる」といっても決して言いすぎではありません。**具体的には次の3つの基準を備えたお店を選ぶようにしてみてください。

- ●ベーシックな服がそろっている
- ●店員さんの押しが強くなく、試着しやすい
- ●店員さんの服装に好感が持てる

Ｐａｒｔ１でもお伝えしたように、大人のファッションはシンプルが一番です。だからこそ、シンプルでベーシックな服が並んでいるお店を選ぶべきです。当然のように聞こえるかもしれませんが、いざベーシックな服が並んでいるお店を探そうとすると、なかなか見当たらないというのが現実です。それはベーシックでシンプルな服よりも、流行を取り入れた華やかな衣服のほうが街には多く並んでいるからです。ついつい目立つ服に気を取られてしまいがちですが、ベーシックな服が並ぶお店を探すことが大切です。

お店を選ぶうえでもうひとつ大切な基準は、「試着のしやすさ」にあります。

私のお客さまの中には、押しの強い接客を受けて、それ以来服を買うのが億劫になってしまったという方が少なくありません。気軽に試着ができるということは買い物をするうえでとても大切な要素となります。服装は試着によって日々磨かれるものです。これまで着たことのなかったようなアイテムを試着して、少しずつ新しい自分の姿を見慣れることで技術は磨かれていくのです。

お店で試着をすると、どうしてもその服を買わなくてはいけないような気がしてしまうものですが、**試着をしたからといってその服を買う必要はまったくありません。**もし試着をした後の店員さんの対応があまりよくなければ、そのお店にはもう行く必要はありません。必ずあなたに合うお店が他に見つかるはずです。

実際に買い物をする前に、一度下見をするのもいいでしょう。店員さんの接客に好感が持てたら、今後も積極的にそのお店を利用するといいでしょう。試着の仕方についてはPart4で具体的にご紹介したいと思います。

もう1点、お店を選ぶ基準として確認しておきたいのが、「店員さんがどのような服装をしているのか」という点です。というのも、店員さんは自分のお店の服を着ていますので、店員さんの着こなしを見れば、あなたが目指しているベーシックなファッションが実現できるかどうかをある程度判断することができるからです。中には奇抜なファッションをしていたり、玄人好みの凝った服装をしている店員さんもいます。まずはお店の外からどんな店員さんがいるのかをざっくりと見ておくといいでしょう。もし自分の目指す服装と異なる店員さんしかいなかった場合、そのお店は見送るべきです。実際にお店を訪れたとき、どんな店員さんに声をかければいいかについてはPart4で具体的にお伝えしたいと思います。

もう一度整理します。並んでいる商品がベーシックであること。試着をしやすい環境であること。店員さんのファッションに好感が持てること。この3点を見分けられるようになれば、あなたはグッとおしゃれに近づきます。

02 お店にはこんな種類がある

具体的なお店をいくつかご紹介していきたいと思います。世の中にはたくさんのお店が存在しますが、その中でもみなさんにとって割と身近であるお店をざっくりといくつかのカテゴリーに分類してみたいと思います。カテゴリーを知ることで、どのようなショップを選ぶべきなのかをより具体的に理解することができるようになります。

おおまかに6つの種類に分けてみたいと思います。

まずは①**量販店**です。リーズナブルな価格帯が特徴で、ライトオンやジーンズメイト、イトーヨーカドーなどが該当します。

続いては近年注目されているH&MやForever21などの②**ファストファッション**というカテゴリーです。ユニクロやGAP、バナナ・リパブリックなどもこのカテゴリーに該当します。

そして少し切り口が変わりますが、③**スーツショップ**というカテゴリーもあります。ザ・スーツカンパニー（以下、スーツカンパニー）やスーツセレクトなどのスーツ専門店が該当します。最近ではこのようなスーツ専門店でもカジュアル衣料を取り扱っています。

次に④**セレクトショップ**というカテゴリーです。1つのお店の中に、さまざまなブランドの商品が並んでいるお店のことを指します。ユナイテッドアローズやトゥモローランド、ビームスなどが該当します。

続いて⑤**国内ブランド**というカテゴリーです。メンズだとコムサデモードやタケオキクチ、メンズビギ、レディースだと23区やナチュラルビューティー、アンタイトルなど、百貨店の中でよく見かけるようなブランドが該当します。

最後に⑥**海外ブランド**というカテゴリーです。ニューヨーカー、バーバリー、ポール・スミスなど、こちらも百貨店の中でよく見かけるブランドが該当します。

これら6つのカテゴリーを先ほど定義した内容と照らし合わせますと、おすすめのショップがある程度絞られてきます。

この中で積極的に使いたいのは、②**ファストファッション**、③**スーツショップ**、④**セレクトショップ**になります。なぜならこれらのショップはベーシックなアイテムを割と手頃な値段で手に入れやすいからです。

それでは具体的におすすめのお店と特徴、それぞれのショップにおけるおすすめのアイテムをご紹介していきたいと思います。

03

おすすめショップとアイテム紹介

まず初めにおすすめするのが**ファストファッション**です。ファストファッションといっても、お店の特徴によって大きく2つに分けることができます。H&MやForever21またZARAなどのファストファッションブランドは流行に即したアイテムが多いため、少々使いこなすのが難しい印象です。一方、ユニクロやGAP、バナナ・リパブリックには比較的ベーシックなアイテムが多く並んでいます。そのため、まず優先すべきは後者になります。

ベーシックなアイテムがそろうユニクロ

日本中どこでも手に入る**ユニクロ**ですが、「どのように活用するか」がとても大切です。ユニクロで全身を固めるのではなく、部分的にユニクロを取り入れることで、バランスの取れたファッションを構成するこ

ユニクロにはたくさん商品がありますが、大人のファッションに必要なのは一部。部分的に取り入れるのがポイントです。

とができます。実はおしゃれと言われる人たちは、ユニクロの商品を部分的に取り入れるのがとても上手です。

ユニクロの店内にはたくさんのアイテムがあります。基本的にはどの商品もベーシックで良質ですが、選ぶべき優秀なアイテムというのはある程度限られています。結論からお伝えしますと、ユニクロでは**「ジーンズ」「ニット」「インナー」**以上の3点を選ぶようにしてみてください。これらはベーシックで着回しのきくとても便利なアイテムです。

ジーンズというのはお店やブランドによって価格帯に大きな差のあるアイテムです。千円以下で買えるものもあれば、3万円を超えるものもあります。ユニクロは4千円以内の値段で、高品質のジーンズを提供しています。非常にお値打ちだと思います。正直なところ、3万円のジーンズとユニクロのジーンズとの違いを一瞬で見分けることができるような人はほとんどいません。

ですので80点を目指すファッションではユニクロのジーンズを選んでもまったく問題ありません。ユニクロのジーンズにはさまざまな種類が存在します。その中でもスリムフィットと呼ばれる、最近では定番となっているモデルのものを選んでみてください。シルエットに無駄がなく、脚をすっきりと見せることができます。

また**ニット**もおすすめのアイテムの1つです。たとえば羊毛の中でも最高級とされるメリノウールを使ったニットが4千円以内と、とても安価で買うことができます。ユニクロのニットは非常に素材がよく、日常的に使いやすいアイテムです。

デザインがシンプルなアイテムこそ素材の風合いはとても重要になりますので、ユニクロのニットはおすすめしたいアイテムの1つです。

カシミアのニットもぜひ試してみてください。決して安くはありませんが、カシミアにしてはリーズナブルな価格設定だと思います。試してみる価値は十分にあります。大量に商品を生産し、販売するユニクロだからこそ可能な価格設定です。これを上手に使わない手はありません。ぜひ試してみてください。

価格差ほど見た目に違いが出にくいジーンズは、ユニクロのものでOK。そのぶん節約できたお金を別のアイテムに投資しましょう。

ユニクロはニットもおすすめ。大量生産のユニクロだからこそできる低価格が魅力です。日常で使いやすいものがそろっています。

最後に**インナー**。これはすでにみなさんもお使いかもしれません。ユニクロのインナーは高機能でとても重宝するアイテムです。夏用の**エアリズム**や大ヒットした**ヒートテック**などが該当します。おすすめは深めのVネックインナーです。

特に男性の場合、シャツを着る際に襟からインナーが見えてしまうのはNGです。なるべく深めのVネックを着ることで、インナーの存在を感じさせないことが大切です。

このようにユニクロでは選ぶアイテムを意図的に絞り込むことで、買い物における失敗を避けることができます。

また、色とデザインにも注目してみてください。ユニクロではネイビー、グレー、白、黒など、ベーシックな色合いのものを積極的に選んでみてください。デザインも同様にシンプルなものを選ぶといいでしょう。ボーダーや柄物は選ばず、徹底して無地を選んでみてください。ここまで条件を絞れば、ユニクロで買うべきアイテムはだいぶ絞られてくるはずです。

そしてユニクロにはもう1つ大きな利点があります。**「店内での試着のしやすさ」**こそがユニクロの大きな魅力の1つです。もちろん商品を無理におすすめするような店員さんもいませんし、安心して試着ができます。ユニクロは試着の練習にはもってこいなのです。ぜひユニクロを有効活用しながら、新しいファッションを少しずつ切り開いていただければと思います。

コーディネートの幅を広げるGAP／バナナ・リパブリック

続いておすすめするファストファッションブランドはGAPです。GAPもファストファッションブランドの中では比較的デザインがベーシックで、価格的にも日常的に使いやすいお店です。ユニクロに比べると華やかさがあり、明るい雰囲気が特徴です。特に女性におすすめしたいお店です。GAPも身近なお店ですが、どのようなアイテムを選ぶかによって、見え方が大きく変わります。

ユニクロだけですべてのアイテムを選んでしまうと、どうしても単調なファッションにまとまってしまいがちです。そこにGAPの鮮やかなシャツや軽快なボトムスを取り入れることで、全体のバランスが整いやすくなります。ぜひユニクロとミックスしながらGAPのアイテムを着こなしの中に取り入れてみてください。

ユニクロに比べ、やや華やかな雰囲気のアイテムがそろうGAP。ユニクロだけでは単調になりがちなところにアクセントとして使います。

アイテムの中でも特におすすめなのが**シャツ**です。無地の白シャツからデニムシャツ、鮮やかなカラーシャツまで、使い勝手のよいシャツがたくさん並んでいます。ぜひ積極的に取り入れてみてください。

女性の方はシャツをあまり使わないという方が意外と多いのですが、休日用のラフなシャツの着方を覚えると、コーディネートの幅が一気に広がりますので、ぜひ挑戦してみてください。

GAPは無地のものだけではなく、シンプルなボーダーのアイテムも多く取りそろえていますので、日々のファッションに変化をつけるためにも、このようなアイテムを取り入れてみることをおすすめします。

ボトムスもまたおすすめのアイテムです。ジーンズはユニクロが優秀ですが、**コットンパンツ**はGAPのアイテムがとても使いやすいです。ベージュや白など、明るめの色合いのものを選ぶといいでしょう。

またGAPの接客はユニクロとは対極にあり、こちらから意見を求めれば**積極的に店**

GAPのレディース用ボーダーTシャツは、ファッションに変化をつけるためにも使えるアイテム。比較的価格も安く、取り入れやすいです。

員さんがアドバイスをくれるはずです。個人差もありますが、店員さんのセンスも信頼がおけます。かといって押し売りするような店員さんももちろんいません。店員さんとのコミュニケーションの練習にもちょうどよいお店です。いつも同じような服ばかりを買ってしまう方、第三者の意見を取り入れて新たな自分を発見したい、という方はぜひ店員さんのアドバイスを参考にしてみるといいでしょう。

GAPの姉妹ブランドである**バナナ・リパブリック**もおすすめのお店の1つです。GAPと比べると、比較的対象年齢層が高めで、落ち着いた雰囲気があります。店内にはベーシックで上質なアイテムがそろっています。ビジネスカジュアルに対応できるアイテムも多いので、覚えておくといいでしょう。価格帯はこのカテゴリーの中では高めですが、ぜひチェックしておきたいお店の1つです。

バナナ・リパブリックのレディース用シャツ。GAPよりも価格帯は高めですがビジネスカジュアルにも使える上品な雰囲気があります。

サイズが豊富なスーツショップ

続いてスーツショップのカテゴリーの中

からスーツカンパニーをご紹介したいと思います。スーツカンパニーという名前からも想像できる通り、こちらのお店はビジネススーツの専門店です。あまり意識して見ている方は多くないのですが、実はスーツカンパニーにはスーツだけではなく、カジュアル用の衣服も置いてあります。特に男性におすすめしたいお店の1つです。

スーツカンパニーの最大の魅力は**サイズのバリエーションの豊富さ**にあります。特にジャケットはあらゆる体形の方に対応できるように、細かくサイズが分かれています。私も普段お客さまをコーディネートする際によく使わせてもらっているのですが、サイズ選びが難しいお客さまにもほとんどの場合、対応できてしまうのでとても重宝しています。身長とウエストに基づき、サイズが細かく分かれています。同じ170㎝の人のサイズの中でも、ウエストのサイズによってさらに4つに分かれています。このサイズバリエーションの豊富さは非常に心強いです。

アウターやシャツ、ボトムスに関してもスーツカンパニーでひと通りそろえることが

実はスーツ以外のアイテムもそろうスーツカンパニー。休日用のカジュアルなジャケットを探すのにもおすすめです。

スーツカンパニーのジャケット

特におすすめなのは「アントニオ・ラヴェルダ」シリーズ。シャツでもジャケットでも、ベーシックなデザインのアイテムがそろいます。右のタグが目印です。

できます。ユニクロやGAPと比べると、大人っぽいアイテムが多いのがスーツカンパニーの特徴です。メンズに限った話なのですが、スーツカンパニーはいくつかのシリーズに分かれています。その中でも**「アントニオ・ラヴェルダ」**というシリーズがベーシックな衣服を取りそろえています。スーツカンパニーで服を選ぶ際には、アントニオ・ラヴェルダのタグを確認していただくとスムーズに買い物ができるはずです。

ジャケットとシャツをスーツカンパニーで購入し、ジーンズとニットをユニクロでそろえる、というような組み合わせもおすすめです。バランスの取れたファッションを実現することができます。

どれを選んでも失敗しにくいセレクトショップ

最後におすすめしたいのが**セレクトショップ**です。セレクトショップというのは、1つのお店の中にさまざまなブランドの衣服が並ぶお店のことを指しています。また、セレクトショップは自社のオリジナルの商品も作っています。店内にある服の半分以上がオリジナルの商品というセレクトショップも少なくありません。つまりセレクトショップにはセレクトされた商品とオリジナル商品の2つのカテゴリーが存在することになります。セレクトショップでの狙い目はこの「オリジナル商品」になります。これらの服はセレクトされたブランドの服と比べると価格帯が比較的お手頃です。またサイズも日本人の体形に合わせて作られていますので気軽に取り入れやすいのが特徴です。

セレクトショップというとハードルが高いように感じる方も多いのですが、そんなことはありません。セレクトショップのオリジナル商品を中心に選ぶことで、ベーシックなファッションが整います。セレクトショップの特徴を一言で表すと、「どれを選んでも失敗しにくい」という点になります。アイテム全体がベーシックであり、クセの強いアイテムもあまり多くありません。ベーシックの中にほどよくトレンドを織り込むのも得意です。

もし予算に余裕があるのでしたら、セレクトショップで買い物をすることをおすすめします。もしくは部分的にセレクトショップのアイテムを用いるのもいいでしょう。たとえば、ジーンズやニットはユニクロでそろえ、主役級のアイテムであるアウターやジャケット、シャツなどにセレクトショップのアイテムを使うというのもよいです

1つのお店の中にさまざまなブランドのアイテムが並んでいるのがセレクトショップ。狙い目は、「オリジナル商品」です。

ね。

また、セレクトショップは靴やバッグ、ベルトなどの小物も充実しています。これらのアイテムは長く使うものですので、しっかりと投資をする必要があります。ぜひセレクトショップで小物をそろえるようにしてみてください。

具体的なショップのご提案ですが、男性の場合はユナイテッドアローズがおすすめです。多くのセレクトショップの中でも、よりベーシックな商品構成になっています。一口にユナイテッドアローズといっても、実はさまざまな種類のお店があります。たとえばビューティー&ユースやグリーンレーベルリラクシングなどが挙げられます。その中でもよりベーシックなアイテムがそろうのは**UNITED ARROWSというシリーズ**になります。お店を訪れる前にぜひホームページでチェックしてみてください。

女性の場合、トゥモローランドがおすすめです。大人の女性にふさわしいシンプルで上質なアイテムがそろっています。ぜひ定期的に訪れてみるといいでしょう。特にニッ

バッグやベルトなどの長く使える小物はセレクトショップのオリジナル商品を取り入れると、ファッション全体が引き締まります。

セレクトショップと
ファストファッションを
組み合わせた
コーディネート

ジャケットは
セレクトショップなどで
しっかり投資を

ユニクロの
ジーンズなら
質の高い商品との
相性も良

おしゃれというのは、何でもかんでも高いものを買えばいいというものではありません。人の目に入りやすい主役級のアイテムや、小さくとも存在感の強い小物には、セレクトショップでしっかり投資してほしいですが、それ以外のアイテムはユニクロやGAPでも大丈夫。両者をうまく取り混ぜることで、気張りすぎずシンプルな、大人のファッションが完成します。

ト類、ジャケット、アウターなど、主役級のアイテムはトゥモローランドでそろえてみることをおすすめします。

セレクトショップの店員さんは非常にセンスがよいので、ぜひ積極的にアドバイスをもらうことをおすすめします。先ほどもお伝えしたように、自分の目指している方向性と近いファッションの店員さんにアドバイスを求めるのがいいでしょう。あまり押しが強いタイプの接客ではないので、安心して買い物ができるはずです。「おしゃれな店員さんに話しかけるのは恥ずかしい」という方もお店の人とのコミュニケーションについてpart4でしっかりと解説しますので安心して読み進めてもらえればと思います。

Part 3

アイテム選びの基本の基本

01 人の目につくジャケットやアウターには きちんと投資する

具体的なお店選びの方法について理解したら、次はいよいよ「実際にどのようなアイテムを買いそろえればいいのか」について説明していきたいと思います。

ジャケットやアウターなどの上着は、他人から見て最も目につきやすいアイテムです。サイズや色だけでなく、細かいディテールまでしっかりと気を配りながら選ぶことが大切です。

ジャケット——大人のファッションの必需品

ジャケットと聞くと、スーツのようなものをイメージされる方が多いのですが、**ここで紹介するジャケットとはスーツとは異なり、肩パッドもほとんど入っていない、軽やかで羽織りやすい上着のことを指しています。**ジャケットというのは、大人のカジュアルスタイルに必要不可欠なアイテムです。なぜならジャケットは、カジュアルな装いの中に「キチンと感」を持たせることができるからです。ビジネスカジュアルや休日着を選ぶ場合、どうしてもカジュアルになりすぎてしまう人が多いのですが、ジャケットを

ネイビーのジャケット（右）は、まず最初に買ってほしい必須アイテム。ベージュのような薄めの色(左)は、膨張して見えるため、着こなすのが難しいです。

1枚加えることで上品な雰囲気を簡単に表現できるようになります。たとえばジーンズにシャツというカジュアルなコーディネートの中にジャケットを1枚加えることで食事にも出かけられるような上品な着こなしもできます。ジャケットはカジュアルなアイテムを上品に格上げしてくれる、とても便利なアイテムなのです。

ジャケットを購入する場合、男性は価格が比較的お手頃なスーツカンパニーがおすすめです。Part 2でも書いたように、スーツカンパニーはサイズ展開が非常に豊富で、スーツ専門店の強みを活かしたバリエーションの広さも魅力です。価格も2万円前後と、ジャケットの価格としては比較的抑えめであることも取り入れやすいポイント。ぜひ男性はスーツカンパニーでシンプルなジャケットを購入してみてください。もし予算に余裕があれば、ユナイテッドアローズやトゥモローランドなどのセレクトショップで、3万5千円前後のジャケットを買うのもおすすめです。

女性の場合はバナナ・リパブリック、予算に余裕がある場合はトゥモローランドでの購入をおすすめします。価格帯は男性と同様に2万円~3万5千円前後と考えてください。決して安くはありませんが、まずは1着でよいので、少し背伸びをして、使い回しのきく便利なジャケットをそろえてみてください。

ではどんなジャケットが使いやすいのでしょうか。まず、色としては男性の場合も女性の場合も組み合わせやすいネイビー（紺色）を選びましょう。2着目には濃いめのグレーを選ぶといいでしょう。

男性のジャケットの場合は、「襟」と「着丈の長さ（首元から裾までの長さ）」に注意をして選びましょう。街にたくさん並んでいる、襟が細く、着丈が短すぎるジャケットはベーシックなアイテムとは異なります。

続いてジャケットのコーディネート方法についてご紹介します。**ジャケットの最大の利点は「コーディネートのしやすさ」にあります。**カジュアルなシャツの上に羽織るのはもちろんのこと、Tシャツの上にさらりと合わせるのもいいでしょう。ちなみに、ジ

着丈は背中側で測るとわかりやすいです。目安はお尻が半分くらい隠れる長さ。丸々出てしまう短すぎるジャケットはやめましょう。

女性の着丈の場合はお尻に少しかかる程度の長さを選んでください。自分で見づらい場合は店員さんからアドバイスをもらいましょう。

ネイビーのジャケットのコーディネート

ジーンズのようなカジュアルなアイテムでも、ジャケットを羽織るだけで上品な大人のファッションに見せることができます。ジャケットの内側にはカジュアルなシャツや、Tシャツなども合わせることができます。様々な場面で使えるので、1着は持っておくべきアイテムです。

ャケットを羽織る場合は、シャツの裾はパンツの中に入れたほうがバランスがよいのでおすすめです。女性の場合はジャケットの襟を軽く立ちあげて、ラフに着るというアレンジも可能です。少し着崩すことでジャケットをカジュアルに使いこなすことができるようになります。シャツと合わせると仕事着のような印象を与えてしまいますので、Tシャツなどと合わせるといいでしょう。ボトムスはブルージーンズにホワイトジーンズ、コットンパンツなど、どんなものにも相性がよいのでぜひ試してみてください。

ジャケットはサイズ感がとても重要です。街を歩いている人を見ていると、ジャケットのサイズ選びを間違えている方をたくさん見かけます。特に男性は大きめのサイズを選びがちです。肩の縫い目が肩から下がっていませんか？　袖の長さが親指のつけ根くらいまで伸びていませんか？　もし自分で判断がつかなければ、店員さんにアドバイスを求めながら、自分の身体にしっかりとフィットしたジャケットを選びましょう。

さまざまな体形の人に合うように、ジャケットの袖丈は少し長めにできていることもあります。そのため、腕の長さが合わない場合もあります。そんなときは、袖の長さを直してもらうことができます。いきなりお直しをお願いするのはハードルが高いかもしれませんが、スーツカンパニーやセレクトショップでは袖直しをしてもらえるので、店員さんと気軽に話せるようになったらお願いしてみましょう。

アウター——シンプルな1着にしっかり投資を

アウターは衣服の中でも一番外側に位置するアイテムです。具体的にはコートやブルゾンなどをアウターと呼びます。結論から言うと、アウターは上質なものをまずは2着そろえてください。**必要なのはオーソドックスな形のコートと、厳冬期に使えるダウンジャケットです。**目立つ部分にはしっかり投資をするというのが、大人のファッションの基本です。ぜひアウターはよいものをそろえてください。

それではまず、男性のコートについてご紹介します。**男性のコートの定番といえば、襟のついたシンプルなステンカラーのコートです。**最もベーシックなコートの1つです。合わせ方次第でカジュアルにも着られますし、ビジネスカジュアルにも対応ができます。1着あるとさまざまな場面で活躍してくれるアイテムです。色はネイビー（紺）かチャコールグレー（黒に近い灰色）を選んでください。もう1つ選ぶときのポイントは素材です。いくつか選択肢がありますが、ナイロン製のものよりもコットンやウール地のもののほうが使い回しがしやすいです。

ステンカラーのコートはユナイテッドアローズやトゥモローランドなどのセレクトショップでの購入をおすすめします。価格は3万円以上を1つの目安としてください。3年以上着るつもりで、少し背伸びをしてよいものを買うことをおすすめします。

ステンカラーのコート

シンプルなステンカラーのコートが定番。色はネイビーかチャコールグレーがおすすめです。素材やシルエット、サイズなどが自分に合う1着を探し、しっかりと投資してください。

続いて女性のコート。**まずはトレンチコートを買いましょう。色はベージュを選びます。女性は男性よりも少し明るいアイテムのほうが自然に着ることができます。**明るさを足すという意味でもベージュを選びましょう。写真のように、ベージュの中でも色味が濃いものを選ぶとバランスが取りやすいのでおすすめです。ベージュですと秋冬だけではなく、ライナー（裏地）を取れば春先も着ることができます。

トレンチコートは、縁取りなどの装飾のない、シンプルなものを選んでください。ユナイテッドアローズやトゥモローランドなどのセレクトショップで選ぶと、失敗のないトレンチコートを手に入れることができます。価格は4万円前後。決して安くはありませんが、何年も使えるアイテムなのでしっかり投資しましょう。

男女ともにコートで注意すべき点は、着丈の長さです。膝の位置よりも長いと野暮ったい印象になりますし、お尻が見えてしまうくらい短すぎると子供っぽい印象になります。目安としては、ももの中間ぐらいの位置に着丈がくるとバランスがいいでしょう。

女性におすすめなのがトレンチコート。さまざまなデザインのものがありますが、選ぶべきはオーソドックスなデザイン。

左がNGの着丈、右がOKの着丈。膝下までの長さだと長すぎますし、お尻までの着丈だと短すぎです。長すぎず、短すぎず、太ももの中間点くらいの着丈が理想です。

太ももの中間～膝上くらいの着丈のコートを選んでください。長すぎても短すぎてもいけません。特に女性の場合は、首元にファーがついているコートなど装飾のあるアイテムが多いですが、まずはシンプルな物から選んでください。

写真を参考にして、コートの丈を選んでください。

そしてオーソドックスなコートに加えて、真冬用のダウンジャケットも1着必要になります。こちらもシンプルなものを選んでください。色はチャコールグレー、ネイビー、ブラックであれば使いやすいです。柄や装飾は一切必要ありません。フード部分についているファーですが、女性の場合はあってもなくてもかまいません。お好みで選んでみてください。ファーがあると、女性らしいやわらかな雰囲気が出ます。男性の場合はシンプルにファーのないものを選んだほうがいいでしょう。価格的に取り入れやすいのは、セレクトショップのオリジナルのダウンです。およそ5万円前後で買えます。長く着ることを考え、予算に余裕があればデュベティカやタトラスといったダウン専門ブランドの商品を選んでみることをおすすめします。こちらはユナイテッドアローズやトゥモローランドなどのセレクトショップで、8～10万円前後で買うことができます。

ダウンジャケットは表面素材がウールのものを選ぶといいでしょう。光沢感のあるナイロン製はチープな印象にもなりかねないのでNGです。

02 着こなしの土台になるトップスの組み立て方

シャツ——ごまかしのきかない主役アイテム

普段着に欠かせないのが、襟のついたシャツです。品のよいシャツは、休日だけではなく、ビジネスカジュアルにも使うことができます。シャツを着ることで手軽に清潔感を出すことができますので、ベーシックなアイテムをそろえることが大切です。特に春から秋にかけては、シャツを一番外側に着る機会も多いはず。このような主役になるアイテムはきちんと考えてそろえる必要があります。

肝心のシャツの選び方ですが、シンプルが鉄則です。最近では凝ったデザインのシャツが非常に多く、シンプルなシャツを選ぶほうがかえって難しいかもしれません。ここでおすすめする具体的なシャツはというと、無地の白シャツ、デニム地のシャツ、ギンガムチェックかストライプの柄物シャツ、以上の3種類。もし予算に余裕があるなら、それに加えて無地の淡いピンクのシャツも使い勝手がよいのでおすすめです。

ボタンの色は白やアイボリーが基本です。シャツの生地とまるで違う色のボタンがついているシャツはＮＧです。また、襟や袖の内側に花柄やボーダーなどの切り返しがつ

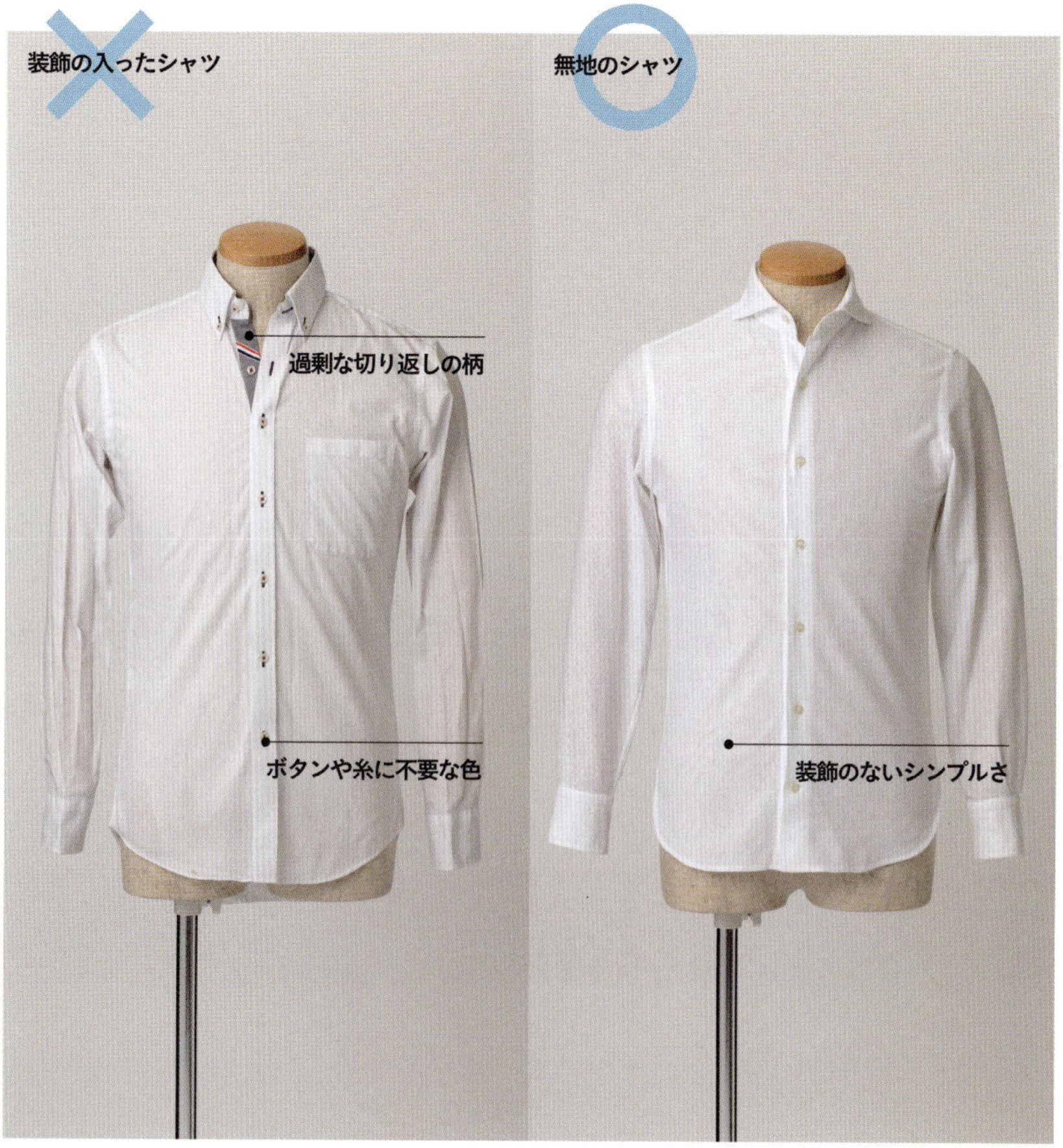

ボタン口や袖口、襟などにアレンジがあるようなもの（左）はNG。何の装飾もなく、一見地味にさえ見えるアイテム（右）こそが大人が着るべきシャツです。

いているシャツも避けましょう。このような目立つ装飾は必要ありません。特に装飾もなく、パッと見は地味に見えるくらいのシャツこそ、まず初めにそろえるべきベーシックなアイテムです。

無地のシャツをそろえたら、続いて柄物のシャツを加えます。柄といってもベーシックといえるのは、**ギンガムチェックとストライプ**。ギンガムチェックは柄物の中でも比較的合わせやすく、シンプルな装いの中でほどよいアクセントになるアイテムです。ただし、できるだけチェックが小さいほうが、どんな人にも似合いやすく、失敗も少なくなります。ストライプは、シンプルな2色使いのものが使いやすいです。こちらもあまり間隔が広すぎないものを選ぶといいでしょう。

チェックやストライプの色は男性ならネイビー×白がおすすめです。女性でしたらピンク×白などの華やかなものを取り入れてみるのもいいでしょう。

そしてシャツ選びで大切なのが襟型です。**シャツにはさまざまな襟の形がありますが、**

シンプルなファッションで、ギンガムチェックのシャツはほどよいアクセントになります。チェックの幅は3mm程のものがおすすめです。

襟をボタンで留めたボタンダウンシャツにニットを合わせたコーディネート。襟のボタンは必ず留めましょう。ベーシックでありつつ、カジュアルにも見せられるのがボタンダウンの特徴。より大人っぽい雰囲気を出したい場合はカッタウェイを。

男性の場合、おすすめなのが「ボタンダウン」と「カッタウェイ（ホリゾンタルカラー）」のシャツになります。ボタンダウンのシャツはボタンでしっかりと襟を固定しているため、襟の収まりがよく、上にジャケットやニットを重ねても襟が折れたり曲がったりしません。一方カッタウェイ型のシャツは、襟の先が大きく外側に開いているのが特徴で、第1ボタンを開けたときの襟の広がり方がとても綺麗です。

一方女性は、小ぶりな襟のシャツを選んでください。女性のシャツスタイルは「着崩し方」がとても大切になります。襟の小さなシャツを選ぶ理由は、襟を立ち上げやすいからです。シャツを1枚で着るときには軽く襟を立ち上げておくと、適度なカジュアル感が出やすいです。襟の大きなシャツを立ち上げると、カチッとしすぎてしまいますので注意が必要です。もちろん襟を立ち上げずにそのまま着ても綺麗です。

シャツは、男性の場合はスーツカンパニー、もしくはユナイテッドアローズやトゥモローランドなどのセレクトショップでの購入をおすすめします。価格は5千円以上を1つの目安としてください。スーツカンパニーでは5千～6千円、セレクトショップでは1万3千円前後の価格帯でシャツを販売しています。特に無地の白シャツは価格によって生地の質感、細かなデザイン、縫製などの差が出やすいので、できれば1万円以上のものを買うことをおすすめします。逆に、ギンガムチェックのような柄物は、ある程度

女性は襟が小ぶりなシャツがおすすめ。ジャケット同様、「着崩し」がポイントになります。特に1枚で着るときは、襟を立ち上げ、袖を軽くまくりあげるのがおすすめ。女性は中にUネックのTシャツを合わせるとバランスがとりやすいです。

予算を抑えてもいいでしょう。女性ならGAPやバナナ・リパブリック、もしくはユナイテッドアローズでの購入をおすすめします。

シャツ選びに重要なのはサイズ感

ではそのようなシャツはどのように着こなせばいいのでしょうか。**男性は下に透けないインナーTシャツを着て、サラリと着るのがおすすめです**。ボタンは一番上以外はすべて留めます。またはシンプルなボーダーのTシャツの上にシャツを重ねて着るのもいいでしょう。この場合はシャツは外に出して、ボタンをすべて開けて着るようにします。**女性の場合は深めのUネックTシャツと合わせます**。ボタンは第3ボタンまで開けて、中に着ているUネックTシャツを見せてあげるとバランスがいいでしょう。

最後にもう1つ、シャツを選ぶにあたって重要なポイントがあります。それはサイズ感です。まず最初に意識しなければいけないのは着丈の長さになります。まず、シャツには裾を出して着るものと裾をパンツ（ボトムス）に入れて着るものの2種類があることを知っておきましょう。

見極めるポイントは「丈の長さ」です。サイズが同じシャツでも、どのように着るかによって選ぶ着丈は変わってきます。ビジネス用としても着られるようなシャツは着丈が長めなので、お尻がすっぽりと隠れるくらいの着丈になっています。一方、カジュアル用のシャツは出して着ることを想定しているため、着丈は少し短めです。お尻が半分くらい隠れるものであれば問題ありません。これより長くなってくると全体のバランスが崩れますので、ボトムスの中に入れて着たほうがいいでしょう。セレクトショップはカジュアル用品とビジネス用品に大きく分かれているお店が多いので、カジュアルコーナーでシャツを選べば着丈の長さで失敗することはありません。

また、身幅（胸部の胴体の幅）も非常に大切です。**ゆとりを持たせるよりもフィット感を意識してみてください**。サイズが大きいと「服に着られている」印象を与えてしまいます。いつもよりもワンサイズ下のものも試しながら、サイズ選びにしっかりと気を配ってみてください。

理想の身幅は、両脇を軽くつまめるくらいのゆとりがあること。これ以上大きいと、野暮ったくなり、「服に着られている」印象になります。試着の段階でいろいろなサイズを試し、両脇をつまんでみて、注意深く選んでください。

Tシャツ――無地やボーダー柄で上質なものを

「大人のふつうのファッション」としておすすめしたいTシャツは、「無地」や「ボーダー」などの極めてシンプルなものになります。目立つ柄や文字、プリントなどの入ったTシャツは子供っぽく感じられてしまうため、初心者の方にはあまりおすすめできません。Tシャツは上にシャツを重ねたり、ニットカーディガンを羽織る際に活用します。半袖と長袖は季節によって使い分けてください。ここで紹介するシンプルなTシャツを持っていれば、大人のファッションにふさわしい着こなしができるようになります。

ではどんなTシャツを選べばいいのでしょうか。まず注目しなければいけないのが首元のデザインです。同じTシャツでも首元の形によって、Vネック、Uネック、クルーネックと3つに分類することができます。

Tシャツは首元のデザインで印象が大きく変わります。まずVネックは、首周りをすっきりと見せてくれる効果があります。男性の場合、あまり深すぎるものを選ぶと、キザな印象になってしまいますので浅めのものを選ぶといいでしょう。女性の場合は、特に首を長くキレイに見せてくれるので、VネックのTシャツを積極的に活用してください。Uネックは女性におすすめです。Vネックに比べやわらかさを表現できますので、非常に重宝します。クルーネックは最もベーシックな首元になります。特に男性におすすめです。誰でも持っている極めてシンプルなアイテムなので、安いものを選ぶと「ふつうのTシャツ」に見えてしまいます。そのためちゃんと質のよいものを選ぶ必要があります。**Tシャツで個性を表現する必要はありませんので、まずはシンプルなデザインのものを選んでみてください。**

色はネイビーやグレー、白など、着回しのききやすい色をそろえるといいでしょう。女性の場合、前記の色に加えて、ターコイズブルーなどのアクセントカラーをそろえることをおすすめします。女性らしい華やかさを加えることができます。

そしてもう1枚おすすめしたいのがボーダーのTシャツです。柄物の中でも比較的コ

首元の形によって印象は大きく変わります。男性はクルーネックか浅めのVネック、女性はUネックかVネックがおすすめです。

ーディネートがしやすいボーダーのTシャツを着るといつもと違うイメージにすることができます。かといって、派手なボーダーにしてしまうとまたカジュアルすぎる印象になってしまいます。色はネイビー×白のボーダーが最も合わせやすく、またお店で手に入りやすいのでおすすめです。ボーダーに苦手意識を持っている方も多いかと思いますが、まずはお店で試着してみてください。少しずつ見慣れることが大切です。

Tシャツというのはとてもシンプルなアイテムだけに、素材感やフィット感など、価格帯によって差が出やすいアイテムでもあります。安いもので済ませようというのではなく、セレクトショップなどでしっかり投資をしてそろえることが大切です。ユナイテッドアローズやトゥモローランドのオリジナルのものや、スリードッツなどの専門ブランドのものがおすすめです。価格はおよそ5千〜7千円前後が目安となります。Tシャツで5千円以上と聞くととても高いように思われる方も多いかと思います。シンプルなTシャツは非常に着回しに使えるアイテムです。このような活躍機会の多いアイテムにこそしっかりと投資することが大切です。量はいりませんので、お金に余裕があるときに1枚ずつ質のよいTシャツを買いそろえていきましょう。

Tシャツのサイズ感は着丈の長さに注意してください。お尻がすっぽり隠れてしまうくらい長すぎると、だらしなく見えてしまいます。骨盤と股の中間くらいに丈がくると

ちょうどいい身幅と着丈の測り方

Tシャツも、着丈や身幅がしっかりと合ったものを選びます。着丈は骨盤と股の中間くらいの長さ、身幅はシャツ同様サイドを少しつまめる程度のものを選びましょう。

ボーダーTシャツでのスタイリング

Tシャツもシンプルなものを選びます。ボーダーの間隔が広すぎると着こなしが難しいので写真のような適度な間隔のものを。ジャケットや厚手のカーディガンとの相性がよいです。

バランスがいいでしょう。身幅はぴったりすぎない程度に、身体にほどよくフィットするものを選ぶことをおすすめします。

ニット──コーディネートの幅を広げる助っ人

ニットとはセーターやカーディガンのことを指します。さまざまなバリエーションがあるのですが、その中でも特におすすめなのは、**シンプルなデザインの薄手のニットとアウター代わりになるカーディガンの2種類になります**。

薄手のニットはカラーバリエーションが豊富で、多少華やかな色でも着こなしの中にアクセントとして差し込むことも可能です。また、重ね着もしやすいので、さまざまなコーディネートのバリエーションを増やすことができます。形はシンプルなVネック型、もしくはカーディガン型を選ぶといいでしょう。こちらも余計な装飾は必要ありません。

まずは定番のネイビーかグレーのどちらかをそろえましょう。ベーシックな1枚をそろえたら、次は差し色として男性でしたらブルーやパープル、女性でしたらターコイズ、オレンジ、イエローなどの鮮やかな色合いのニットを選ぶのもいいでしょう。

Tシャツと同じように、形がシンプルなだけに素材にはこだわる必要があります。といっても、Part2でもご紹介しましたが、ユニクロのニットはとても質が高いです。

ブランドによっては数万円するようなカシミアのニットが1万円未満で買うことができるので狙い目です。また、セレクトショップなら男女問わずにトゥモローランドのニットがおすすめです。形もベーシックですし、色合いもとてもキレイです。こちらは1万5千円前後で購入することができます。また予算に余裕がある場合は、イギリスのニット専門ブランドであるジョン・スメドレーのものを買いそろえるといいでしょう。こちらは主にウールのニットですが、きめ細かい素材の持つ質感、色合いが上質です。

着こなし方は、非常に簡単です。シンプルなシャツの上に重ねて着てもいいですし、カーディガンタイプでしたらシンプルにTシャツの上に羽織るのもいいでしょう。また薄手のニットは、上にジャケットやアウターを重ねて着ても着膨れしないので非常に重宝します。

続いておすすめするのが「アウター型カーディガン」です。こちらも非常に使いやすく、ジャケットをカーディガンに変えるだけでリラックスした雰囲気が出せます。特にショールカラーという襟のついたニットは非常に使いやすいアイテムです。適度に大人な雰囲気も出せますので、1枚はそろえておきたいアイテムです。シャツの上に着るのはもちろんのこと、Tシャツの上に着ても様になります。色はネイビーかグレーのいずれかを選ぶといいでしょう。女性の場合、着丈の長い薄手のカーディガンをそろえてお

厚手のニットカーディガン　　薄手のニットカーディガン

薄手のニット（右）は重ね着によってコーディネートにバリエーションが増える万能アイテム。厚手のショールカラーのニット（左）もジャケットの代わりとして活躍します。

くと重宝します。色はネイビー、グレー以外にベージュもおすすめです。ユナイテッドアローズやトゥモローランドなどのセレクトショップでの購入をおすすめします。

サイズ感ですが、薄手のニットも、厚手のニットもあまりゆとりを持たせすぎず、身体にフィットしたものを選びましょう。**ニットはゆとりを持って着るものではありません。何枚も重ねて着込もうとして大きめのサイズを選ぶのではなく、「少しきついかな」と思うようなサイズのものを試してみてください。**体形を隠すためにゆったりとしたサイズを選ぶ方も多いのですが、全体のシルエットが膨らんでしまいますので、かえって太って見えてしまいます。潔くジャストサイズで着ることをおすすめします。

インナー――「見えない」Vネックがポイント

ここで紹介するインナーとは、シャツの下に着る薄手のTシャツやタンクトップ、キャミソールのことを指します。インナーはシャツなどが肌に触れて汚れるのを防ぐだけではなく、下着が透けて見えてしまうのを防いでくれる効果もあります。

ただしインナーは「見えないようにすること」が大切です。そのために使うのが、深めのVネック型インナーです。男性は第1ボタンを開けたときにインナーが見えない深さのあるVネックを選ぶといいでしょう。色はベージュ。肌の色と馴染みやすく、下に着ていることがわかりづらくなります。このような、シャツを着たときに透けて見えないようなものを選ぶといいでしょう。女性の場合は、深めのUネック型のTシャツやキャミソール、またはタンクトップを着てください。**インナーの購入はユニクロで十分です。むしろ機能性と価格を考慮すれば、ユニクロのインナーが最も優れているかもしれません**。千円以下で買えますので何枚か持っておくといいでしょう。また、男性におすすめなのが下着メーカーのグンゼが展開している「SEEK」です。生地の端が切りっぱなしになっているので、上に着るシャツに凹凸が出ないのが特徴です。女性の場合、トゥモローランドのオリジナルのタンクトップやキャミソールの使い勝手がいいです。

インナーはなるべく身体にフィットしたものを選んでください。インナーにゆとりがあると、上に着るシャツのシルエットにも響いてしまいます。インナーはファッションの中でも比較的地味なアイテムですが、このような細部にもしっかりと気を配ることで着こなし力を高めていただければと思います。

深めのVネックのインナーなら、第1ボタンを開けても大丈夫。肌なじみのよいベージュなら、色の薄いシャツを着ても透けません。

03 ボトムスが全体のスタイルを左右する

続いてはパンツ（ズボン）やスカートなどを中心に見ていきましょう。まずはパンツです。パンツは一見目立ちにくいアイテムではありますが、パンツ次第でスタイルがよく見えたり、野暮ったく見えたりするものなので、丁寧に選ぶ必要があります。まずは男女共に使えるパンツを３本ご紹介します。

ジーンズ――シルエットとフィット感がキモ

おそらく一番多くの人が穿いているアイテムだからこそ、きちんとしたものを選ばなければなりません。大事なのはフィット感と色選びです。**ジーンズは、ジャケットやニットなどの大人っぽいテイストのアイテムと合わせることが多いため、フィット感のあるものを選んでみてください**。ダボダボしたシルエットのジーンズはジャケットとの相性があまりよくありません。ジーンズの形はスリムフィットと呼ばれるような、少しタイトめのものを選ぶといいでしょう。

ただし、細すぎるジーンズには注意が必要です。男性の場合、スキニーフィットと呼

ジーンズはフィット感が大切。男性の場合スキニーフィットほど細い必要はありませんが、タイトなシルエットのものを選んでください。ダメージ加工の激しいものはNG。

ばれる、脚のラインがそのまま出てしまうような細すぎるジーンズはあまりおすすめしません。店員さんには「スキニーほど細くない、タイトめのジーンズを探しています」と伝えるといいでしょう。また、ジーンズの色ですが、明るめのものやダメージ加工の強いものは悪目立ちすることがあるので、基本的には避けたほうがいいでしょう。男性の場合はジャケットなどの綺麗めなアイテムとも合わせる機会が多いので、ワンウォッシュと呼ばれるあまり色落ちのしていないものか、ももの辺りに少し濃淡が出始めている濃いめのものを選ぶと失敗しません。一方女性の場合は、あまり色が濃すぎると野暮ったく見えてしまうので、全体的にほどよく色落ちしたジーンズを選ぶといいでしょう。

購入は男女ともに、ユニクロやリーバイスがおすすめです。ユニクロは値段を考えるとジーンズの質が非常に高く、コーディネート全体の予算を抑えたい方には非常に役に立ちます。また、定番であるリーバイスのジーンズもおすすめです。男性でしたら細めの511をおすすめします。511が細すぎる場合は少し太めの501を試してみてください。女性の場合、体形に合わせてタイトストレート、細めの方はスキニーフィットのものを選ぶといいでしょう。予算に余裕がある方はレッドカードというデニム専門メーカーのジーンズもおすすめです。こちらはトゥモローランドなどで取り扱いがあります。

ホワイトジーンズ——慣れれば万能アイテム

ホワイトジーンズと聞くと、「キザっぽい」「コーディネートが難しそう」など、どうしても抵抗感を持ってしまう方も少なくないと思います。しかしこれは完全な誤解です。**ホワイトジーンズはどのようなトップスにも合わせられる万能なアイテムです。**

ホワイトジーンズもコーディネートがしやすく、清潔感が出しやすいアイテムです。まずは一度試着してみてください。

上に紺のジャケットを合わせてもよいですし、デニムシャツとの相性も抜群です。さまざまなトップスと相性がよいのがホワイトジーンズの強みです。

私のお客さまも、今までホワイトジーンズを穿いたことが一度もなかったという方がとても多いです。しかし実際に穿いてみると、その使い勝手のよさにみなさん驚かれています。もちろんまったくキザな印象にはなりませんし、爽やかで清潔感のある印象を与えることができるアイテムです。ぜひ効果的に使っていただければと思います。それでも不安に感じるなら、手頃な価格で購入できるユニクロでホワイトジーンズを購入してみてください。4千円ほどで購入できます。もし気に入ってもう少しいいものがほしいと思ったら、リーバイス、もしくはAGなどのデニム専門ブランドのものをおすすめします。きっと手放せないアイテムになるはずです。

コットンパンツ――野暮ったいシルエットに注意！

3本目はコットンパンツをおすすめします。こちらも大定番のパンツですが、大定番だからこそちゃんとしたものを身につける必要があります。「チノパン」と呼ばれるような、少し太さのあるベージュのコットンパンツは野暮ったく見えてしまいがちです。もしお持ちでもそれを使い回すのではなく、買い直すことも検討してください。自分の身体にフィットしたコットンパンツが、大人のファッションには必要です。

形はテーパード型と呼ばれる、裾に向けて細くなっていくデザインのものがおすすめです。通常のチノパンに比べるとふくらはぎ辺りがタイトな印象になります。一見ストレートに見えるのですが、ひざ下から裾に向かって少しずつ細くすることで脚を長く見せる効果があります。一目ではわかりにくいので、試着したり、店員さんに聞いてみるのもいいでしょう。

色は通常のベージュよりも少し濃い色合いのものを選ぶことをおすすめします。通常のチノパンのようなオーソドックスなベージュは失敗すると野暮ったく感じられてしま

コットンパンツのスタイリング

コットンパンツは昔から変わらない定番アイテムですが、ここ数年で細身の、より身体にフィットするものが登場しています。数年前に買ったものをそのまま使うのではなく、サイズの合ったものを新調してください。落ち着いた色合いのシャツに合わせるだけで休日の鉄板スタイルができあがります。さらにカーディガンを羽織っても上品です。

クロップドパンツのスタイリング

クロップドパンツは、裾丈が通常よりも短くデザインされたパンツ。女性は7〜8分丈のクロップドパンツで足首を出すと、軽快な印象が得られます。上品なニットやパンプスなどと合わせることで、適度なおしゃれ感を演出できます。写真のようなウール地のものは上品な印象になります。

うことがあるからです。少し濃いめのベージュを選ぶことで、大人っぽい雰囲気を出すことができます。または濃いめのカーキのコットンパンツも色合わせがしやすいのでおすすめです。

女性の場合はクロップドパンツと呼ばれる7〜8分丈くらいの長さのものを選ぶことをおすすめします。足首が見えることで軽快な印象になります。余裕を持ったサイズ感のものを選ぶのではなく、なるべくタイトなものを選んでみてください。最近のクロップドパンツは脚の形をキレイに見せてくれます。

以上の3本があれば休日用のボトムスとしては十分です。ぜひ新調してみてください。

パンツのサイズ——無駄なゆとりはNG

続いてパンツのサイズ感についてお伝えしたいと思います。ブルージーンズ、ホワイトジーンズ、コットンパンツ共にタイトなサイズ感を意識してください。ここ数年でコットンパンツの太さは少しずつ削ぎ落とされ、よりシャープな形になっています。3年以上前に買ったコットンパンツは全体的にゆったりめのサイズにできている可能性がありますので、新調することをおすすめします。太ももとお尻でサイズを決めます。ほどよくフィットするものを選んでください。大事なのがウエストの位置です。パンツの股

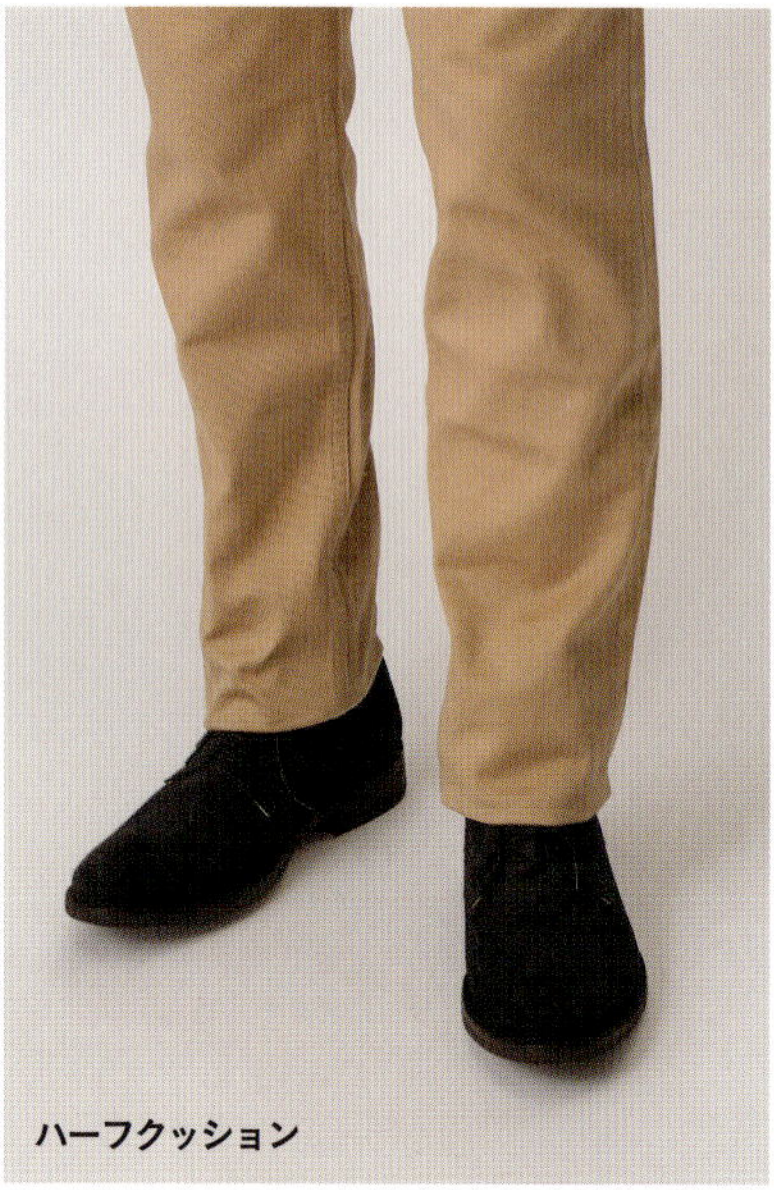

ハーフクッション

ワンクッション

裾部分が大きくたるむと、野暮ったい印象になるので、軽くたわみができる位の「ハーフクッション」がおすすめです。

上の深さにもよりますが、腰骨の辺りでパンツが止まるように穿くといいでしょう。あまりウエストの位置が高すぎるものは選びません。Ｐａｒｔ２でご紹介したお店で買えば、失敗のないパンツがそろっています。

また、どのパンツにも共通するのですが、もも周りに無駄なゆとりがないこと、そして膝から下にかけて、脚のラインにしっかりと沿っているものを選ぶといいでしょう。ただし、あまりに細すぎると脚の形がそのまま出てしまいますので注意が必要です。

続いて丈の長さですが、長すぎる丈はＮＧです。購入の際にはしっかりと裾上げをしてください。男性の場合、靴を履いた状態で、ほんの少し裾の辺りに「クッション」ができる長さが理想的です。パンツの裾が足の甲の上に乗り、たわみができることをクッションと呼びます。「**ハーフクッション」にすると、ジャケットやニットなどのキレイめなアイテムに合わせたときにもバランスがよいです。**店員さんに「ハーフクッションでお願いします」と伝えてみてください。最近は短めの丈がトレンドですが、ハーフクッションでしたら流行に左右されず、長く使うことができます。

女性の場合は男性よりも少し短めがおすすめです。というのも足首を少し見せてあげることで、女性らしく、こなれた印象になるからです。8分丈くらいがおすすめです。春先から夏にかけては、そのパンツを軽くロールアップして軽快な雰囲気を出すのもいいでしょう。

パンツはサイズ感を意識するだけで、一気に似合うようになります。自分の体形と相性のよいボトムスを探すためにも、ぜひさまざまなお店で試着をしてみてください。

スカート、ワンピース――決め手は「ライン」

スカートやワンピースは女性らしいやわらかな印象を与えてくれる便利なアイテムです。「最近はパンツばかり穿いている」という女性の方も少なくないかと思いますが、改めてスカートやワンピースの持つ、「華やかさ」を日々の着こなしの中に取り入れてみてください。スカートやワンピースを選ぶ際に注意すべきポイントは、「甘すぎない、シンプルなデザインのものを選ぶこと」です。ふんわりしすぎているもの、目立つリボンやフリルがついているもの、または特徴的な柄物など、このようなものを選んでしまうと、ついつい甘くなりすぎてしまいます。

スカートやワンピースは極力シンプルに。身体のラインを綺麗に見せてくれる1着を選ぶことが大切です。まずスカートですが、**基本として持っておくべきなのはシンプルなタイトスカートとタックスカートの2タイプです**。スカートの丈の長さは、膝丈、もしくは膝丈より少し短めのものを選ぶとバランスがいいでしょう。タイトスカートは軽くストレッチの効いた生地のものを選びます。タックスカートはあまり広がりすぎないものを選ぶといいでしょう。

色は無地のネイビー、黒、ベージュの中から選びます。少し変化をつけたい場合はカーキを取り入れてみるのもいいでしょう。シャツやニット、ジャケットなどのキレイめなアイテムと合わせてみてください。形がシンプルなだけにどのようなアイテムとも相性がよいので、コーディネートにも迷いません。

続いてワンピースの選び方ですが、こちらも無地のできる限りシンプルなものを買いそろえるといいでしょう。色はネイビー、黒、ベージュに加え、カーキも合わせやすい

タイトスカート

タックスカート

タック（つまんで折った部分）が入っているのがタックスカート（右）、身体にフィットしたシルエットのものがタイトスカート（左）。それぞれ1着ずつ持っていると便利。

着こなしの
主役になるワンピース

ワンピースは着こなしの主役となるアイテム。やはり装飾のあるものは避け、無地のシンプルなものから揃えましょう。少しお金をかけて上質なものを持っておくと、さまざまな場面で活躍します。シンプルなだけに、鮮やかなストールやネックレスのようなアクセサリーでアクセントを加えるのもおすすめです。

のでおすすめです。ワンピースにもさまざまな形がありますが、中でも気軽に取り入れやすいのは丸首のシンプルなワンピースです。甘くなりすぎませんし、大人っぽい雰囲気が出ます。着こなしの主役になるアイテムですので、少し背伸びをして、上質なものをそろえてみてください。予算に余裕のある方はYOKO CHANのワンピースもおすすめです。1着あればパーティーシーンでの着回しも可能です。

スカート、ワンピース共に購入はセレクトショップ、特にトゥモローランドでの購入をおすすめします。ベーシックで上質なものをそろえることができます。店員さんに**「使い回しのきくベーシックなスカート（ワンピース）を探しています」**と伝えればぴったりの1着を提案してもらえるはずです。

04 小物をアクセントとして活用する

靴、ベルト、バッグなどの小物は、アクセントとしてファッション全体を格上げしてくれるとても便利なアイテムです。少数精鋭の上質なアイテムを少しずつそろえていくことが大切です。

靴（男性用）——印象をぐっと変える立役者

おしゃれな人とそうでない人を見分けるには靴を見るのが一番です。靴にしっかりと気を配っている人は、やっぱり素敵に感じられるもの。なので靴は量よりも質を重視しましょう。**男性がまずそろえておきたいのはスエードの革靴とスニーカーの2足です。**

早速スエードの革靴から見ていきましょう。スエードは、いわゆる一般的な表革のつるつるしたものと違い、裏革を毛羽立たせるように加工されたものです。スエードは表革の靴よりも、適度なカジュアル感を出すことができます。休日用だけではなく、ビジネスカジュアルの場面でも使うことができます。1足あると非常に重宝します。形はシンプルなプレーントウやデザートブーツまたはチャッカブーツがおすすめです。気に入ったものを選んでみてください。

色はどんな服にも合わせやすい焦げ茶や黒をおすすめします。ユナイテッドアローズやシップスなどのセレクトショップにシンプルなスエード靴はそろっています。価格は2万〜3万5千円くらいのものを選ぶといいでしょう。また定番であるクラークスのデザートブーツやウォークオーバーのダービーもおすすめです。ちなみにこれらの靴はABCマートなどの靴の量販店で買いそろえることもできます。スエード靴はオンオフ兼用で使い回しのきく便利な1足です。ぜひそろえてみてください。

次に必要になるのはスニーカーです。スニーカーはラフなアイテムだけに選び方には注意が必要です。この本の中でご紹介している大人のファッションに合うようなスニーカーというのは、ある程度限られています。具体例を挙げるとニューバランスがおすすめです。M996やM1400などのクラシックな形で、色はネイビーやグレーなど

スエードとは革の裏側をサンドペーパーで毛羽立たせるように加工した素材。ほどよくリラックス感が出て、休日にぴったりです。

の1足を選べば、ジャケットなどの上品なアイテムとも相性がよいでしょう。価格帯は2万5千円前後と考えてください。スニーカーとしてはかなりの高額です。スニーカーは選び方によっては、カジュアルすぎる印象になりかねないアイテムなので、それだけに上質なものを選ぶことで、どのようなファッションにも対応できるように準備をするといいでしょう。

男性の休日用の靴はまずは2足あれば最低限回すことができます。数よりも質を重視して、しっかりとそろえていただければと思います。コーディネートは非常に簡単です。スエード靴でしたらどのようなスタイルにも合いますので、あまりコーディネートを深く考える必要はありません。カジュアルなデニムに合わせるのもよいですし、ジャケットを羽織るようなスタイルにももちろん合います。スニーカーも案外合わせやすいアイテムです。とは言え、ビジネスカジュアルの場面やレストランでのお食事の際にはスニーカーではなく、スエード靴を履いたほうがスマートです。

スニーカーは、どのようなコーディネートにも溶け込みやすいグレーやネイビーを選びましょう。ニューバランスは女性にもおすすめです。

それ以外の場面では問題なくスニーカーを使うことができます。そして靴下にも気を配ってください。柄が入っているものは避け、着こなしの邪魔をしないようにユニクロの無地の黒か紺の靴下でまとめるのがいいでしょう。詳しくはPart5でまとめたので、そちらを参考にしてみてください。

靴(女性用)――ヒールの高さは「7㎝」が美しい

女性が揃えておきたい靴は3足。7㎝ヒールのパンプス、フラットシューズ、そして秋冬用のブーツです。まずはこれらの靴から新調することをおすすめします。ヒールの高い靴はあまり履かず、ほとんどフラットシューズで過ごすという方も少なくないかと思います。しかしそれ一辺倒になってしまうのはとてももったいないことです。7㎝ヒールを日々の着こなしの中に取り入れながら、着こなしのバリエーションを増やすようにしてみてください。週に1度でもヒールの高い靴を履くことで、気持ちの面

グレージュのパンプス。7㎝のヒールは女性の脚を一番美しく見せてくれるバランスです。光沢感のあるエナメルもおすすめです。

でもメリハリがつくようになります。

7㎝ヒールというのは、女性の脚を美しく見せてくれる効果があります。高すぎるヒールは疲れてしまいますが、7㎝ヒールですと歩きやすさも兼ね備えていますので、ぜひ積極的に取り入れていただければと思います。7㎝ヒールのパンプスは光沢感のあるエナメル素材、もしくはスエードを選びます。色は黒かベージュ、もしくはグレージュと呼ばれるベージュとグレーの中間色のものがおすすめです。

パンプスのデザインは靴の先端に向かって丸みを帯びながら尖っていくアーモンドトウのものがおすすめです。装飾などは一切ないシンプルな1足を選ぶといいでしょう。

フラットシューズ。つま先部分のデザインで印象は大きく変わります。アーモンドトウ〜ポインテッドトウのものを選ぶといいでしょう。

ブーツの色はベーシックで合わせやすい色味である、焦げ茶か黒がおすすめ。素材はスムースレザーでやはりシンプルさを重視してください。

フラットシューズは先が尖っているポインテッドトウを選びます。ヒールがないので、その分少しシャープな印象のデザインを選ぶことで全体のバランスが整います。素材はスムースレザーかスエード、お好みで選んでみてください。色はベージュやブラック、スエードでしたら差し色としてモスグリーンやパープルを選んでもいいでしょう。スエード素材は光沢感がないため、落ち着いた雰囲気にまとまります。そのため、鮮やかな色を選んでも悪目立ちしません。最後にブーツ。素材はプレーンなスムースレザー。形はシンプルなショートブーツを選びます。

女性ものの靴はユナイテッドアローズのオリジナルのものや三越、伊勢丹で展開しているNUMBER TWENTY-ONEというブランドのものがおすすめです。パンプスで1万5千~2万円、フラットシューズで1万5千円、ブーツで3万5千円が1つの目安となります。

靴のコーディネートですが、基本的にどのようなスタイルに合わせてもマッチするような靴をここではご紹介しています。ですので、コーディネートはあまり考えすぎる必要はありません。たとえばデニムに7cmヒールの靴を合わせるのも素敵です。カジュアルなアイテムとシックなアイテムをかけ合わせるというのは、失敗のない組み合わせになります。ぜひ積極的に使っていただければと思います。

靴はその人のファッションに対する考え方が表れやすいものです。それだけにしっかりと基準を持って選ぶことが大切です。ファッションとの兼ね合いを考えたうえでまずはベーシックなデザインの靴から選ぶことをおすすめします。

ベルト——着こなしの重要なアクセント

ついつい手を抜きがちな**ベルト**ですが、どんなファッションにも合わせやすいシンプルなベルトがあると、着こなしのバリエーションが広がります。ベルトは「目立たないアイテム」ととらえている方が多いため、ほとんどの方が手を抜いてしまっています。中には「ベルトはしない」という人も少なくないかと思います。**ベルトはふとした瞬間に見えてしまうものでもあります**。ちらりと見えたベルトがボロボロだったり、そもそもベルトをしておらず、下着が見えてしまったりするのは、あまり見栄えがいいとは言えません。見えるか見えないかではなく、ベルトを締めるという習慣が大切なのだということを心に留めておいてください。

「シャツは出して着ることがほとんど」という方も多いかと思いますが、上質なベルト

男性の場合、ベルトの縦幅は3cm前後のものを選びます。細すぎても太すぎても合わせにくくなってしまうので、注意が必要です。

を用意することで、シャツをパンツの中に入れて着るスタイルも楽しめるようになります。たとえば、シャツの上にジャケットを羽織る場合、シャツはパンツの中にインをしたほうがバランスが整いやすいです。するとベルトは脇役ではなく、着こなしの中における重要なアクセントになります。

男性でしたらおすすめはメッシュベルトです。ジーンズにもコットンパンツにもよく合います。色は焦げ茶か黒。ユナイテッドアローズなどで取り扱っているアンダーソンズのメッシュベルトがおすすめです。靴、バッグ、ベルトなどの革製品の色をそろえてあげると、全体のまとまりがよくなります。

価格は1万5千円前後のものを選んでみてください。これまであまりベルトに投資をしてこなかった方にとっては大きな金額に感じられるかと思います。ですが、ベルトやバッグなどの革製品は長く使うアイテムです。質のよいベルトをしていると、細部までしっかりと気にかけている様子が相手にも伝わりますので、よい印象にも繋がります。また、安いものだと使うごとにどんどん劣化しますが、1万円以上のベルトですと、使い込

女性のベルトは細めのものを選びます。シャツをパンツの中にインして着るスタイルもぜひ試していただきたいと思います。

むことで少しずつ味わいが出てきます。安いものを買うのではなく、しっかりとした素材のものを購入し、長く使ったほうが結果的に費用も安くすみます。そのため、長く使うものほどよいものをそろえたほうがかえってお得なのです。

女性の場合は細身の革ベルトを用意してください。ベルトの縦幅は2㎝前後の華奢なものを選ぶといいでしょう。色は焦げ茶、もしくはベージュがおすすめです。

このようなベルトはセレクトショップで見つけることができます。トゥモローランドで取り扱っている、アンボワーズやアンダーソンズなどのベルト専門ブランドのものをそろえるといいでしょう。ベルトは大人のファッションにおいてとても大切なアイテムです。しっかりと投資することで着こなしの中にアクセントを加えてみてください。

バッグ――全体との調和を意識して

上質なバッグはファッション全体を格上げしてくれる、とても便利なアイテムです。長く使うつもりで背伸びをしてよいものを選ぶことをおすすめします。

ちなみに休日にビジネスバッグを持ち歩くというのはNGです。男性はシンプルなレザーのトートバッグでしたら、プライベートだけではなく、ビジネスカジュアルの場面にも併用することができるので便利です。バッグは毎年買い換えるようなアイテムではありません。まずはどんなファッションにも溶け込みやすい上質なものを1つ用意してみてください。色は紺、焦げ茶、黒の中から選ぶといいでしょう。男性の場合、購入はユナイテッドアローズなどのセレクトショップやアニアリ、エルゴポックなどのバッグ専門ブランドのバッグがおすすめです。3～4万円前後のものを選ぶといいでしょう。レザーバッグは価格を下げてしまうと、どうしても安っぽい雰囲気になってしまいますので、2万円以下のものは選ばないようにしてみてください。女性のバッグは選択肢が非常に広いのですが、1点豪華主義でわかりやすいブランドのバッグを持つことはあまりおすすめしません。全体との調和が大切ですので、バランスを考えたうえでバッグを選択することが重要です。トゥモローランドやユナイテッドアローズなどのセレクトショップで取り扱いのある、トフ&ロードストーンやポティオールなどのブランドのバッグがおすすめです。

素材はレザー、もしくはレザーとキャンバスのコンビになったものが上品でおすすめです。色は黒やグレージュなどがファッ

トフ&ロードストーンのバッグはセレクトショップで取り扱いがあります。シンプルなデザインで、どんな服にも合わせやすいです。

ションとの兼ね合いもよく、使いやすいです。価格帯は4万円前後を目安にしてください。ベーシックなバッグを選べば、休日着だけではなく、ちょっとしたビジネスカジュアルにも使うことができます。

ご紹介したバッグはどのようなコーディネートにも自然に溶け込みます。安いバッグをたくさん持つよりも、使い回しのきく上質なバッグをそろえることのほうが費用対効果が高いと言えます。ぜひ背伸びをして上質なバッグをそろえてみてください。

以上、Part3では買いそろえるべき具体的なアイテムについてお伝えしました。目立つアイテムにはしっかりと予算を割き、ジーンズなどのパッと見では価格の差がわかりにくいアイテムはなるべく価格を抑えるなど、全体の予算配分がポイントになります。すべてのアイテムを一度に買い集めるのは難しいので、優先順位を決めて、コツコツ買いそろえていくことをおすすめします。たとえば、ジャケットやシャツなどは着こなしの中でも主役となるようなアイテムです。このようなものから少しずつ新調していくと、わかりやすく着こなしの変化を実感していただけるかと思います。

必要なのは数ではありません。少数精鋭の着回しのきく上質な服です。クローゼットの中を1年間かけて一新するように、コツコツとアイテムを買いそろえてみてください。

男性の靴とベルトを合わせたコーディネート

縦3cm幅の
革メッシュベルト
1本でどんなパンツ
でも着回せる

ベルトと同系色の靴を
選ぶと全体が
引き締まる

面積は小さいながらも、正面から服装全体を見たときに重要な存在感を放つのがベルトや靴といった小物類。ボトムスがジーンズやコットンパンツでも、革のメッシュベルトを締めておくと、全体のコーディネートの印象を引き締めておしゃれさを演出してくれます。靴とベルトを同系色でまとめるとさらに落ち着いた印象になります。

女性の靴とベルトを合わせたコーディネート

女性のベルトは
やや細身の
縦2cm幅のものが理想

女性の服装においても、靴やベルトは重要なアクセント。ある程度の値段のしっかりしたものを選びましょう。ベルトは男性よりも細身の、2cm幅のものがおすすめ。ベルトをすることでトップスをインするスタイルが引き締まります。ベルトや靴だけでなく、首元や腕にアクセサリーをつけると、全体にまとまりが生まれて好印象です。

女性の靴は
グレージュのような
明るい色を使うと
全体が華やかに

Part 4

店員さんを味方につければ買い物が100倍楽しくなる

01 店員さんが一番服を知っている

Ｐａｒｔ４では実際にお店を訪れ、商品を選んでいく際に心強い味方となってくれる店員さんとのコミュニケーションの取り方について説明したいと思います。

あなたにとって、もっとも身近な服の専門家は、間違いなく店員さんです。無料でプロのアドバイスが聞けるのに、上手に活用しないのはとてももったいないことです。積極的に店員さんにアドバイスをもらうようにしましょう。

この本では服選びにおける基本的な心がけをお伝えしていますが、言葉や写真だけでは伝えきれない、あなたの身体に合った適正なサイズや、丁度よいパンツの丈の長さなどの細かなチェック項目は、店員さんからアドバイスをもらうのが一番です。なぜなら、ファッションには客観性が重要だからです。

Ｐａｒｔ１で説明したように、服装はまず自分のためでなく「人からどう見られているか」を意識しなければなりません。自分１人では何が正解で、何が間違いなのか、その違いになかなか気づくことができないのです。

たとえばサイズ選びなどがわかりやすい例です。ここまでも繰り返しサイズについては書いてきましたが、自分にとってベストだと思っていたサイズが実は間違っていたというケースは少なくありません。以前はそのサイズで合っていても体形は日々変化しますし、同じアイテムでも店や品物によってサイズ感は異なってきます。**サイズというのは、店員さんに客観的な意見をもらいながら、そのつど更新するべきものなのです。**

また多くの人は、自分にとって安心できるような服ばかりを選んでしまう傾向にあります。それではいつまで経っても服装は改善されません。

店員さんにおすすめを聞けば、自分ではあまり買ったことのなかったアイテムにも挑戦できるかもしれません。店員さんと話すのが苦手、という人も少なくないと思います。Ｐａｒｔ４ではそんな人でも店員さんとのコミュニケーションが楽しくなるコツをご紹介していきたいと思います。店員さんを味方にしてください。店員さんこそがあなたにとって最も身近なファッションの専門家なのです。

店員さんはファッションの専門家。身近なプロとしてぜひ積極的に活用しましょう。こちらからリクエストを伝えるのも有効です。

02 話しても買わなくて大丈夫

服を買う際に、店員さんから客観的なアドバイスをもらうことがとても大切だということは理解していただけたと思います。とは言っても、店員さんとのコミュニケーションがあまり得意ではないという方がとても多いのもまた事実です。

ですので、どのようなスタンスで店員さんと向き合えばいいのかについて改めて考えてみたいと思います。

「店員さんと話すと、買わなきゃいけないような気がしてしまう」

私のお客さまの中にはそうおっしゃる方がとても多いです。ついつい店員さんからのおすすめを断りきれずに買ってしまうという経験は誰にでも一度はあるでしょう。いろいろな服を紹介してもらうと、断るのはなんだか悪いなと思えてしまいますよね。

ですので、あえて断言します。**店員さんからおすすめされたものを買わなくても大丈夫です**。まったく問題ありません。

私自身、アパレルの販売をしていた経験があるのですが、おすすめした商品を買ってもらえないということは日常茶飯事です。全然めずらしいことではありません。だから店員さんは断られても、そんなことは気にしません。もし断った際に嫌な顔をするような店員さんがいたら、そこは安心して服を買えるお店ではないということ。今後は行かなければいいのです。そのようにして、こちらが店員さんを選ぶくらいの姿勢でいましょう。そうすれば店員さんに対する苦手意識も少しは減るはずです。

そのためにも、**買い物に行く際には「即決をしない」という心がまえを持つことが大切です**。どんなに気に入っても、どれだけ試着しても、その場では購入しない。最初のころは、そのように決めてからお店に行くといいでしょう。そうやって自分の中でルールを決めておけば、気兼ねして店員さんのおすすめするものをそのまま買ってしまった、なんてことが起きにくくなります。直感で服を選ぶと失敗することもありますが、慎重に選べば失敗はほとんど起こりません。その場で即決せずに、まずは「断ること」に慣れるようにしてみてください。

お店にある大量の洋服の中から、自分に合う1着を見つけるのは大変です。店員さんにアドバイスを求めても、必ずしも買う必要はありません。

03

いつ買い物に行けばいいのか

服選びに苦手意識のある方のなかには、そもそも「服を買いに行くのが苦手」という人もいるかもしれません。せっかくの休日にわざわざ買い物に出かけるなんて……という気持ち、わかります。混雑した中にいるとそれだけで疲れてしまいますよね。

落ち着いて服を買うためにも、買い物に行くタイミングはとても大切です。店内が混雑していては、そこにいるだけでどっと疲れてしまい、正しい判断ができません。

結論からお伝えしますと、曜日にかかわらず朝一の時間帯を狙って買い物に行くのがベストです。朝一の時間帯は1日で最もお店が空いているタイミングです。なので、ゆっくりと試着をして、ていねいに服を選ぶことができるのです。現場の店員さんにもお話を聞きましたが、やはりお店が空いているタイミングに来てもらったほうがゆっくりとアドバイスができるし、親身になって対応することができるとのことでした。

休日のお昼すぎから買い物に出かけると、店内が混雑していて、そこにいるだけでどっと疲れてしまいます。そんな中では正しい判断ができません。

たとえば土日でしたら、だいたいのお店の開店時間である11時から買い物をスタートしましょう。2時間くらいかけて3店舗ほど回るのが理想です。先ほどお伝えしたとおり、即決はせず、さまざまな服をゆっくりと試着しましょう。そして一息ついてから目星をつけた商品を一気に購入して帰る、というペース配分がいいかと思います。

平日は休日に比べると空いていますが、夕方は会社帰りの来店客が多く、やはり混んでいるので、あまりおすすめできません。平日しか時間のない方も、夕方以外の時間帯を狙ってゆっくりと服を選ぶのがいいでしょう。**買い物が苦手、服選びが苦手という方こそ、ぜひお店が空いている時間帯を狙って買い物をすることをおすすめします。**

そして、「できるだけ早い時間に買い物を」という法則は、1年のうちどの時期に服を買いに行ったらいいかを考えるときにもあてはまります。そもそも服には、季節ごとの販売時期というものがあります。春夏服、秋冬服、それぞれの新しいアイテムが出そろうのは、以下の時期となっています。

春夏服…3〜5月
秋冬服…9〜11月

服を買うのに「旬な時期」は、基本的に、この新しいアイテムが出そろい始める時期です。この時期であれば、サイズ切れなどもなく、お店も空いていて、スムーズに買い物ができるはずです。「まだ買い物をするには早いかな」と思う時期にこそ、お店にはよい商品がそろっています。このような時期に買い物をするのがおすすめです。もっとも、この本の中で紹介しているアイテムはベーシックなものがほとんどです。「旬な時期」でなくとも置いてあるものが多いので、それ以外の時期に購入していただいてもかまいません。

ただ、それぞれの季節の販売時期の終わり、1月や7月などのセール期間の買い物は避けたほうがいいでしょう。セールの時期には、ベーシックで着回しのきくアイテムであっても売り切れてしまっていたり、サイズ切れが起こっている場合が多いからです。

また混雑した店内で冷静に服を選ぶというのはとても難しいものです。店員さんも慌ただしく、お客さま一人ひとりにゆっくりアドバイスをすることができません。

そんな状況で服を買っても、後から考えると納得のいかないものの場合が多いと思います。ぜひ空いている時間帯、時期を狙って買い物に行き、コツコツとベーシックなアイテムを買いそろえるようにしてください。

04 相性のよい店員さんの見極め方

時期・時間帯以上に大切なのが、店員さんの選び方です。最初にお伝えしたように、手助けをしてくれる店員さんが、あなたの服装を大きく左右するのです。

私は仕事柄週4、5回さまざまなショップを訪れますが、店員さんにも本当にいろいろな方がいます。すごくおしゃれで格好いいけれど無愛想でこっちが恐縮してしまう方、すごく愛想はよいけれど押しが強くて疲れてしまうような方……もちろんつかず離れずのほどよい距離感で心地のよい接客をしてくれる優秀な店員さんもいます。

買い物が苦手、店員さんと話すのが苦手という方は、いきなりお店に入るのではなく、事前にお店の外から軽く店内を眺めておくことをおすすめします。そうしてどんな店員さんがいるのかを確認し、「接客をしてもらう店員さん」にアタリをつけておくのです。

最初に見つけてほしいのは、ベーシックで好感の持てる服装をされている方です。これから店員さんにいろいろとアドバイスをいただくことを考えると、自分が目指す方向性に近い服を着ている方が安心です。

さらに、そうした店員さんが他のお客さんを接客している様子を見ておくことも大切です。あなたにとって話しやすそうな雰囲気を持っている方を探してください。私にも日頃からお世話になっている店員さんがいます。店員さんにはさまざまな質問をしますので、やっぱり話しやすい雰囲気を持った方に担当してもらったほうがいいのです。

ファッションのプロのはずの店員さんも人間ですので、人それぞれです。全員が本当にプロフェッショナルな対応をしてくれるとはまったく限りません。

さらに相性もあります。先ほど「断る」ことの大切さをお伝えしましたが、「この店員さんは苦手だな〜」と思ったら、無理をして買う必要はありません。お店を変えてもいいでしょう。

店員さんとのコミュニケーションがスムーズに取れるようになると、服選びの幅は急激に広がります。ですので、店員さん選びには一手間かける必要があります。

●店員さんの服装はベーシックか
●話しやすそうな雰囲気か

まずはこの2点を意識してみてください。

05 試着は必ずしよう

お店に行ったときに必ずしてほしいのが、試着です。

私のお客さまと話をしていると、試着があまり得意ではなく、苦手意識を持たれている方がとても多いことに気づかされます。そういった方が試着に対して抱くイメージといえば、

●着替えるのがめんどうくさい
●そもそも試着の大切さを感じない
●断るのが気まずい

この3点だと思います。試着をおっくうに感じる気持ちはわかります。しかし試着には、みなさんが考えている以上に大切な役割があるのです。

自分の身体に合っているか。着心地はよいか。自分の雰囲気に合っているか。これらは、何度もお伝えしているとおり、「大人のふつうのファッション」を実現するためにと

ても大切なことです。そして、このような細かなポイントは、やっぱり試着をしてみない限りわかりません。必ずお店を訪れ、試着をするようにしてください。

「でもやっぱり試着をした後、断るのは気まずいな……」と思うかもしれません。ですが店員さんは断られることに慣れていますし、買わなかったからといって不機嫌になるようなことはありません。どんどん試着をして、どんどん断りながら、試着をすること自体に慣れてみてください。お店側としても、試着をしてもらったほうが店内に活気が出ますので、必要な範囲であれば、かえって歓迎してくれるはずです。

試着の際には、1着だけ持ち込むのではなく、何枚かまとめて着させてもらうといいでしょう。何度もお伝えしているように、サイズ選びはとても大切ですので、同じアイテムのサイズ違いのものをまとめて試着をさせてもらうことをおすすめします。

試着をした後にどんな言葉で断ればいいのかわからないという方も多いと思いますが、そこは極めてシンプルに、「少し考えてみます」「また来ます」「イメージと違いました」といった言葉を伝えればまったく問題ありません。

まずは5回試着をして1着買うくらいの割合を目指してみましょう。**10回試着して1着買うくらいのペースでもかまいません**。それくらい慎重に試着を重ねることが大切です。そのためにも初めから「即決はしない」と決めてお店に行くのがいいでしょう。

06 試着のときも店員さんの助けを借りよう

試着をするときも、店員さんの存在は大きな助けになります。試着のために声をかける際は「この服、試着したいです」とだけ言うのではなく、「**この服、試着したいのですけど、サイズを見てもらっていいですか？**」と聞いてみるのがいいでしょう。店頭に自分に合うサイズが出ていなくても、在庫を確認してくれますし、あなたに合いそうなサイズをいくつか用意してくれるはずです。

また、店員さんにリクエストを伝えて、それに合ったアイテムを探すところから手伝ってもらうというのも有効です。通常だと、こちらがアイテムを手に取ってながめているのを見つけた店員さんがいろいろとアドバイスをくれるという流れだと思います。ですが、そもそもあなたが手に取ったアイテムがあまり使い勝手のよいものではなかったとしても、店員さんは「その服はあまりおすすめではありません」とはなかなか言えないものです。店員さんの立場からすれば、あなたがそれを気に入っているかもしれないのに、そのアイテムを悪く言うことはできないからです。

この本の中ではベーシックな大人のファッションを実現するためにそろえるべきアイ

テムを具体的にお伝えしていますので、買いたいアイテムを店員さんに伝えて、該当するようなものを一緒に選んでもらってください。

店員さんに話しかけるときは、

「休日に使えるシンプルなジャケットはどれですか？」

「今着ているジャケットに合うようなシャツはどれですか？」

「このシャツに合わせるボトムスはどれがおすすめですか？」

このように具体的なリクエストをするといいでしょう。店員さんは誰よりもお店にある商品のことを知っていますので、適切なものを選んでくれるはずです。

店員さんに話しかけられるのを待つ必要はありません。私が販売をしていたときもそうだったのですが、店員さんの立場からすれば、お客さんが何を求めてお店に来ているのかはなかなかわからないものです。しかし希望を教えてもらえれば、それにぴったりのものをおすすめすることができます。しかも、お客さんに何かをお願いされるのは案外うれしいものなのです。

お店に行ったときは、どんどん店員さんにリクエストをしてみてください。きっと間違いのない服を提案してくれるでしょう。

07 服選びの成功は「3分間のがまん」にかかっている

試着をした後に心がけてほしいのが、試着室の外に出て、大きな鏡で全体を確認するということです。そして必ず、店員さんにも確認してもらってください。

身体に合っているか。袖の長さは適正か。そもそも似合っているか。店員さんからの客観的な意見をもらうことが大切です。**もし似合っているか不安に感じた場合は、「この服、あまり見慣れないのですけど似合っていますか？」と店員さんに素直に聞いてみるといいでしょう。**体形にコンプレックスがあり、店員さんに見てもらうのは恥ずかしいという方も多いかと思います。ですが、店員さんは毎日さまざまな体形の方を接客していますので、そんなことはまったく気にしていません。恥ずかしがらずに、店員さんに客観的な意見をもらうようにしてください。

ちなみに、今まであまり着たことのない服を試着する際のポイントが1つあります。それは**「似合うかどうかは3分待ってから判断すること」**です。これは私がお客さまに服をおすすめする際に必ずお伝えしていることです。これまであまり着たことのない服を着ると、多くの方が「自分には似合わない」と感じてしまうものです。それも無理はありません。見慣れていないものは似合わないと感じてしまうものなのです。

ですので、試着をしてすぐに「似合わない」と判断してしまうのではなく、鏡に映った自分の姿を見て、少しずつ見慣れるようにしてみてください。

たとえば白いジーンズを試着したとして、これまであまり穿いたことがない方は、最初は違和感を覚えるかもしれません。しかし、そこですぐに脱いでしまわずに、「このジーンズにはどのようなアイテムを合わせればいいですか？」と店員さんに聞きましょう。きっとジーンズに合う他のアイテムを持ってきてくれるはずです。そうしたアイテムと合わせながら白いジーンズを見ると、だんだん似合うように感じられるでしょう。単体で見るのではなく、他のアイテムと組み合わせてみることで見え方が大きく変わってくるのです。そうするうちに気づけば3分が経ち、いつの間にか白いジーンズ自体に違和感を覚えなくなっているはずです。

このように、大人のファッションにはこれまで苦手意識を持っていたアイテムを少しずつ克服していくことが必要です。そのためには「3分間のがまん」がとても大切なのです。苦手だったアイテムが着られるようになる瞬間というのはとても気持ちがよいものです。ぜひ試してみてください。

08

お店に行くとき どのような服装で行くべきか

ここまで、お店に行くときの基本的な流れをお伝えしてきました。しかし、私のお客さまに話を聞いていると、「そもそも今のファッションでは気後れしてしまっておしゃれなお店に入りづらい」という方がとても多いです。

ところが現場の店員さんに話を聞くと、「1日に何人ものお客さんを接客するのでそんなことはまったく気にならない」とみなさん口をそろえて言います。店員さんとしては、むしろいろいろなお客さまに来てもらって、お店の服を試してもらいたいと思っています。

気兼ねせずにどんどんおしゃれなお店を訪れて、いろいろな服を試着させてもらってください。**不安な方は、特定のアイテムを探す前に、軽く店内を回ってみるといいでしょう。**少しずつお店の雰囲気にも慣れてくるはずです。

どうしても今の自分のファッションに自信がない場合は、この本の内容を参考に、まずはユニクロやGAPなど誰でも入りやすいお店である程度服をそろえてから、セレクトショップでの買い物にステップアップするのもいいかもしれません。お手持ちの服の中で「この服に合わせたい」と思っているものがあるなら、当日はそれを着て行くのも手です。頭の中でコーディネートを想像するよりも、実際にその服に合わせて商品を選んだほうが店員さんもアドバイスがしやすいのです。

また、買い物の際に試着をすることを考えると、なるべく着替えやすい格好で行くことは大切です。服の脱ぎ着だけで体力を消耗してしまうと、買い物がおっくうになってしまうからです。**服の下には、インナーを着て出かけることも忘れずに。商品を汚さないようにするための最低限のマナーです。**

以上、実際にお店で服を買うときの基本をお伝えしてきました。身近なプロである店員さんと上手にコミュニケーションを取ることができれば、あなたの服選びは大きく変化を遂げるはずです。

Part 3のインナーの項目を参考に、上にシャツなどを重ね着しても見えないような襟元の深いインナーを選ぶといいでしょう。

Part 5

さらにステップアップするためのテクニック

01 大人の服選びの基本色を知る

ここまでの内容を読んで、服選びの基本はつかんでいただけたのではないかと思います。Ｐａｒｔ５では、さらに具体的に、大人のファッションを洗練させるための知識や、簡単なテクニックをご紹介していきます。

お店には、さまざまな色の服が並んでいます。選択肢が多いというのはありがたいことなのですが、正直目移りしてしまいますし、何を選んでいいのかもわからなくなってしまいますよね。

しかし、これまでの内容で、たくさん並んでいる衣服の中で本当に選ぶべきものというのは意外に少ないことに気づいたのではないでしょうか。10着の服が並んでいるときに選ぶべき服は2〜3着くらいだと思ってもらってもかまいません。

Ｐａｒｔ３でも個々のアイテムごとに説明しましたが、大人のファッションにはベーシックな色づかいというものが存在します。多くの服の中からよいものを選ぶうえでは、まずは自分が好きな色を優先する前に、着こなしの基本になるようなベーシックな色合いの服をそろえていくことが大切です。

ベーシックな色の服は、流行に左右されることはありませんので、来年はもう着られないといったことはまずありません。一度買えば長く着ることができますし、どんなものにも合わせられます。

「ベーシックな色」とは具体的には、ネイビー、グレー、白、ベージュ、淡いブルー、焦げ茶、黒などが該当します。

まずはこれらの色合いのものを中心に、お店で服を選んでみてください。これらの色同士でしたらコーディネートもしやすいですし、他の色と合わせても失敗するようなことはほとんどありません。

ただ、黒は少し注意が必要です。というのは、服選びが苦手な人ほど、色選びに困ると「無難に合わせられる」と思って黒を選びがちなのですが、意外と主張が強く、他の色を圧倒してしまう場合があるのです。また、黒には「着痩せしそう」というイメージがあるため、頻繁に用いる方も多いようです。しかし、黒の分量が多いとやはり

ネイビー
ジャケット、
アウター、ニット
ベージュ
コットンパンツ、
トレンチコート
グレー
ジャケット、
アウター、ニット
淡いブルー
シャツ
焦げ茶
靴・ベルトなどの
革製品
黒
靴・ベルトなどの
革製品

ベーシックなカラーチャート

重めの印象になってしまいます。黒を頻繁に使うのは避け、ネイビーやグレーを優先して使うことをおすすめします。黒に比べると雰囲気が少しやわらかくなりますし、黒同様の着痩せ効果も充分に得られるはずです。特にジャケットやニットなど、服装全体に対する面積が大きいアイテムには、黒ではなくネイビーやグレーを使うといいでしょう。

さて、Ｐａｒｔ１でクローゼットの服のほとんどを手放してくださいとお願いしました。もしできていなければ、再度クローゼットの整理をおすすめします。そして、このＰａｒｔ５に来るまでにある程度洋服をそろえられた方、ベーシックな色の服はそろいましたか？　こちらに載せたカラーチャートやクローゼットの写真を参考に、ご自身のクローゼットをもう一度見なおしてみてください。次にあなたが必要な洋服の色がわかってくるはずです。

自分のクローゼットと前ページのカラーチャートを比較して、ある程度のバリエーションがそろっているか確認しましょう。

02

コーディネートに2割のアクセントを加える

これまでベーシックな服を中心にアイテムをご紹介してきましたが、ベーシックな服には1つだけ弱点があります。それはシンプルゆえに、少し退屈に見えてしまう場合があるということです。たとえば、紺のジャケット+白いシャツ+ブルージーンズのコーディネートは着こなしとしては完成しますが、少しこざっぱりとしすぎています。

そんなときに有効なのが「柄物」と「アクセントカラー」の存在です。これらをシンプルなファッションの中に1点加えてあげることで、マンネリから抜け出すことができるようになります。試しに白シャツをギンガムチェックのシャツに変えてみてください。それだけでも適度なインパクトが感じられるようになります。

もしくは白シャツをピンクのシャツに変えるのもいいでしょう。単体では少し派手に感じるような柄や色味のシャツの場合、その上にさらにジャケットやカーディガンを羽織ると見える分量が減り、全体のバランスが取りやすくなります。

ベーシックな着こなしの中にほんの少しアクセントを加えるために、ギンガムチェックやピンク色のシャツをそろえておくと大変便利です。ジャケットやボトムスに、アクセントになるような色や柄を用いるには、ある程度の経験が必要です。なので、まずはシャツからアクセントになるものを加えてみるといいでしょう。薄手のニットや無地Tシャツにアクセントになる発色のよいものをそろえるのもおすすめです。

アクセントカラーとしておすすめなのはパープル、ターコイズ、オレンジ、淡いピンクなどの色になります。

アクセントチャート

　アクセントを効果的に着こなしの中に取り入れると、コーディネートに幅が生まれます。全体を見たときに、8対2のバランスで、ベーシックなコーディネートの中にアクセントを加えることを意識してみてください。前に出すぎず、地味すぎず、自然なコーディネートが完成するはずです。持っているアイテム全体の色合いのバランスも、8割はベーシックな色合いの服をそろえ、残りの2割にアクセントとして明るい色味をそろえていくのが理想です。

アクセントを加えたコーディネート

シンプルなコーディネート

同じ紺ジャケット、ブルーデニムのジーンズでのコーディネートも、シャツを白いものからギンガムチェックに変えるだけでまったく違った印象になります。

アクセントを加えたコーディネート

シンプルなコーディネート

写真では左右ともに同じ黒のシンプルなワンピースを着ていますが、右はちょっとさみしい印象です。そこで、ターコイズのストールを巻いてみると、途端にくっきりと華やかな印象になります。

03
「こなれ感」を出すためのひと工夫

ベーシックな服にはアクセントが必要だと書きましたが、そのときに大切になるのは、アイテムのアクセントだけではありません。もう1つ大切になってくるのが「着崩し方」です。

たとえば白いシャツを着る場合、デザインがシンプルなだけに、ボタンをすべて留めてふつうに着てしまうと、どうしても真面目すぎる印象になってしまいます。**そこでおすすめなのが「腕をまくる」という方法です。これは着崩しの基本です。**

腕のまくり方にも方法があります。まずはシャツの袖の部分を大きくまくり、その後2回ほど小さくまくりあげて完成です。簡単ですのでぜひ覚えてください。

この方法で腕まくりをすることで、こなれた雰囲気がただようようになります。シ

「こなれ感」は大人のファッションにとって大切な要素。ぜひ買ったシャツの袖をまくって着崩してみましょう。

ャツを1枚で着るときにはぜひ腕まくりをして、少し着崩すようにしてみてください。

そしてもう1つこなれ感を簡単に表現できる方法が、ジーンズやコットンパンツの裾のロールアップです。シャツの腕まくりと同様、服装全体にほどよいカジュアル感を出すことができます。ロールアップをする際には、まくりあげる「裾幅」を意識してください。あまり大きくまくってしまいますと子供っぽくなってしまいます。およそ3~4㎝程度の幅を軽めに1度折り返すといいでしょう。もう少しラフな雰囲気を出したいときは、さらにもう1~2回折り返し、脚をくるぶし辺りまで見せればOKです。

ベーシックなアイテムにこのような少しの手間を加えてあげることで、見え方が大きく変わるのを実感いただけたでしょうか？　着用の際にはぜひ「着崩し方」にも気を配ってみてください。

ロールアップの裾幅は3～4cmが目安。写真のように2、3度まくってボリュームを出したり、1度だけ折り返すのもおすすめです。

04 靴下に遊びを取り入れるときの選び方

Part3で具体的なアイテムの選び方をご説明したときに、「小物に手を抜かないことが大切」というお話をしました。あまり目立たない部分に手を抜かないことがファッションにおいてはとても大切で、靴下もその1つです。**靴下には、とことんシンプルなものを選んで目立たせないか、もしくはアクセントとして目立たせるか、この2つの選択肢があります。**

目立たせない場合の選び方についてはPart3でもお伝えしましたが、まずは紺やグレーなどの無地でシンプルなものを選ぶのが正解です。

その際にはブランドロゴや装飾などは一切ないもののほうがいいでしょう。極力シンプルなものを選んでください。ユニクロや無印良品で購入すれば十分ですが、質にこだわりたい方はユナイテッドアローズやトゥモローランドなどで買うことができるセレクトショップオリジナルの靴下を選んでみてください。

しかし、ある程度服選びの基本を身につけた方には、ぜひ靴下をアクセントの一部として用いることにも挑戦していただきたいです。これまでお伝えしてきたさまざまなアアイテムはベーシックなものが中心です。そういった意味では、着こなしの醍醐味の一つでもある「遊び心」を表現できるアイテムがあまりありませんでした。**靴下という小さな面積のアイテムこそ、遊び心を表現するにはもってこいです。**ちなみに私の靴下はいつも派手です！

普段はほとんど見えませんが、電車で座った瞬間にふと見えた靴下が鮮やかなボーダー柄だったら、なんだかおしゃれな感じがしませんか？　全体の着こなしをシンプルにまとめるぶん、こういう見えにくい部分にこそ遊び心を差し込むと、バランスがよいのです。靴下くらいだったら、他人が見たときも、そんなに嫌味な感じにも映りません。

まずは失敗しにくいボーダー柄を選んでみるといいでしょう。ボーダーの幅が大きいほどカジュアルな印象になりますので、まずは細めのボーダーのものから取り入れてみるのがおすすめです。

購入は、ユナイテッドアローズやトゥモローランドなどのセレクトショップで探してみてください。価格はおよそ千五百円程度です。また、ファルケのような靴下専門ブランドのものもいいでしょう。ファルケはベーシック寄りの靴下がそろっていますが、明るい色を探しているなら、ハッピーソックスもおすすめです。こちらもユナイテッドアローズで取り扱っています。さらに、**夏場はボトムスを軽くロールアップして軽快に穿**

く機会が増えます。素足で靴を履いているように見える浅めの靴下も用意するといいでしょう。

女性のストッキングに関しても、ユナイテッドアローズやトゥモローランドでの購入をおすすめします。装飾のないなるべくシンプルなものを購入してください。

ちなみにシンプルな無地の靴下は量販店での購入でもかまいませんが、柄物の靴下は少し単価を上げることが大切です。靴下に限らず、柄物のアイテムほど、価格帯による差が出やすいのです。価格帯を上げることでカジュアルな中にも品が生まれます。大切なことなのでぜひ覚えておいてください。

ベーシックながら遊び心が表せるのが、ボーダーの靴下。もっと挑戦したい方には、明るい色合いが揃うハッピーソックスがおすすめです。

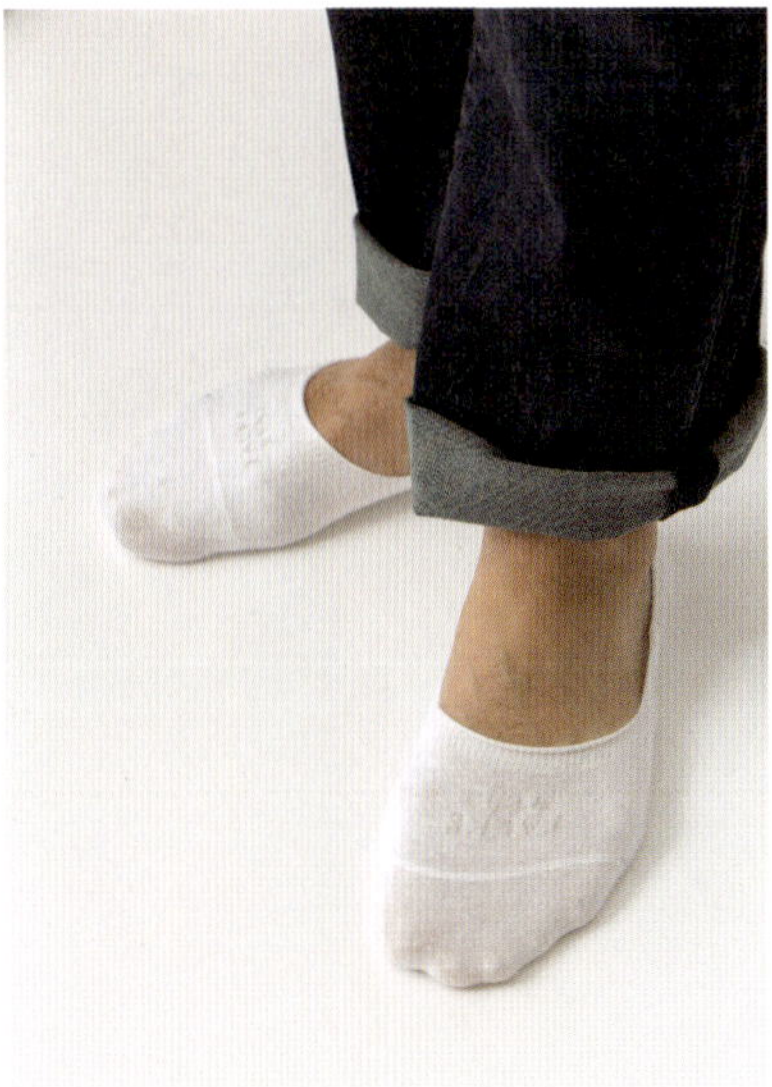

ファルケの靴下。素足で靴を履くと汗をかいて匂いが出やすくなるのでおすすめです。最近ではユニクロにも取り扱いがあります。

05 眼鏡はシンプルで高級感のあるものを選ぶ

人の視線は上半身に集中します。会話をするときにも、人は基本的には相手の顔を見るものです。そのため、どんな眼鏡をかけているかで、あなたの印象は大きく変わります。つまり、眼鏡は主役級のアイテムなのです。

最近では安い眼鏡もたくさん出ていますし、その中にはよいものもたくさんありますが、少し頑張って良質なものを買いそろえることをおすすめします。

とはいえ、高ければいいというものでもありません。派手な色や模様がついていたり、フレームがかなり大きい個性的な眼鏡をかけている人を見かけますが、全体的なバランスを考えないと眼鏡だけが主張しすぎてしまいます。服装がベーシックであれば、眼鏡もまたそれに合わせたベーシックなものを選ぶことが大切です。

眼鏡はまず、フレームの素材によって大きく2つに分けるこ

999.9（フォーナインズ）の眼鏡は3～4万円程度。小さくても存在感は主役級のアイテムなので、長く使えるものを買いましょう。

とができます。**プラスティック製のフレームとメタル製のフレームの2種類です**。温かみややわらかさを出したい場合は前者を、少しカチッとした印象を与えたい場合は後者を選ぶといいでしょう。おすすめはブラウン系のセルフレームです。肌なじみがよく、自然に顔に溶け込むので取り入れやすいです。ここ最近流行しているのは黒縁のセルフレームですが、くっきりした印象が出すぎてしまうので、できれば避けてください。デザインも、シンプルでクセのないものを選びましょう。

そして、シンプルなデザインの眼鏡ほど、素材の質感や細かなバランスが大切になってきます。なので、最初にお伝えしたとおり、それなりに高価なものを選んだほうが失敗がありません。

私がお客さまにおすすめしているのはフォーナインズの眼鏡です。ベーシックで使いやすい眼鏡がそろっています。眼鏡はかけ心地などの機能面もとても重要になるアイテムですが、その点でも安心しておすすめできるブランドです。価格は3〜4万円前後からで、決して安くはありませんが、しっかりと投資できる方にはぜひご活用いただきたいです。

アクセントに眼鏡を加えたコーディネート

ファッション全体をながめたときでも、目が行きやすいのはやはり眼鏡です。だからこそ、眼鏡はファッション全体を引き締める貴重なアクセントにもなります。

06 アクセサリーについての考え方

靴下や眼鏡と同様に、着こなしのアクセントになるのがアクセサリーです。しかし、アクセサリーに関しては、男女で考え方が大きく異なります。

男性の場合はアクセサリーをつけないことをおすすめします。むしろつけないほうが、周囲からの印象は確実によいかと思います。

一方、女性の場合は考え方がまったく異なります。何もアクセサリーをつけないと、こざっぱりとしすぎてしまうのです。**服装がシンプルなだけに、アクセントとしてアクセサリーを添えることは、全体のバランスを取りやすくしてくれます。**

アクセサリーの選び方も、他のアイテムと基本的には同じです。主張しすぎず、どんな服にも調和するようなシンプルなデザインのものをそろえることが大切です。おすすめしたいのは、アガットやジューシーロックのアクセサリー。この本の中で紹介している衣服とのバランスが取りやすいものを多く取りそろえています。インパクト重視のものではなく、他のコーディネートにも合わせられるものを選んでみてください。

女性の場合、アクセサリーを身につけるとほどよいアクセントが加わります。どんなものを買っていいかわからない場合は、店員さんにアドバイスを求めれば具体的なアイテムの提案をしてくれるはずです。

07

Tシャツとポロシャツ、どっちが正解

真夏の代表的なトップスといえば、Tシャツとポロシャツが挙げられます。

大人のファッションの観点からこの2つを比べた場合、ポロシャツのほうが実用度は高めです。というのもTシャツを1枚で着ると、どうしてもラフすぎる印象になってしまうからです。ポロシャツには襟がついているので、それだけでTシャツに比べるとカチッとした雰囲気になります。**大人の休日着にはほどよいフォーマルさが必要ですので、1枚で着る場合はポロシャツがおすすめです**。Tシャツを着る場合は上にシャツを重ねたり、ジャケットやニットを羽織ったり、重ね着目的で使うのがいいでしょう。

また、ポロシャツはTシャツに比べて腕周りや身幅もすっきりしていますので、全体的にタイトめに着ることができます。1枚で着るのもいいですが、上に軽めのジャケットを羽織れば、さらに上品に着こなすことができます。ポロシャツは、ほとんど装飾のない、無地のものを選ぶといいでしょう。装飾としてあってもいいのは胸元の小さなブランドロゴくらいです。それ以外の装飾のあるものは避けてください。

色は白や明るめのグレーだと、妙に老けこんで見える場合があります。シャープな印象を与えてくれるネイビーがおすすめです。夏場は少し明るめのものでも意外とさらりと着れるので、淡めのピンクやブルーなどに挑戦してみるのもいいでしょう。**ボトムスは夏らしく白いパンツを組み合わせると季節感も出ますし、さわやかな印象にもなります。**

おすすめはユナイテッドアローズやトゥモローランドなどのセレクトショップオリジナルのポロシャツです。もしくはインポートブランドのポロシャツもおすすめです。男性でしたらギローバーやスリードッツといったブランドを、ユナイテッドアローズなどで購入してください。女性は日本のブランドになりますが、サイのポロシャツがおすすめです。都内だと、銀座三越で購入することができます。

ポロシャツは真夏の着こなしの中でも主役となりうるアイテムです。ぜひコツコツと上質なものをそろえるようにしてみてください。

ポロシャツはジャケットとも相性抜群。おすすめは無地のポロシャツ。セレクトショップで売っている1万5千円程度のアイテムが理想的です。

08 よく言われる「清潔感」とは何なのか

「どんな服装に好感を持ちますか？」という質問を人に投げかけると、返ってくる答えは大体決まっています。それは「清潔感のある着こなし」です。きっと読みながらうなずいている方も多いのではないでしょうか。

たとえば「異性の服装に求めることは？」というアンケートを取ると、清潔感があって、シンプルで、小綺麗な感じの着こなしを求める声が必ず上位にきます。「過剰なおしゃれ」はむしろ引かれてしまうことが多いのです。でも、そもそも清潔感のある着こなしってどのようなものなのでしょうか？　ここで改めてファッションにおける清潔感について考えてみたいと思います。

まずは服の状態が大切です。服がヨレヨレだったり、色が褪せていたり、シミやニオイがついていたり……そのような服は、いくら洗濯してあったとしても清潔感はただよいません。よく「もの持ちがよいんです」と言う方がいるのですが、それはたいてい間違っています。まだ着られるかどうかで服の寿命を判断するのではなく、第三者から見て清潔に見えるかどうかで服の消費期限を見極めることが必要です。高価で上質なアイテムを別にすれば、ふつうの服は3年も経てばだいぶくたびれてきます。特にシャツやTシャツなどは消耗品と考えるべきです。もしあなたの持っている服が3年前から着ていて、ちょっとでもヨレている感じがするなら、それは迷わず手放してください。清潔感とは真逆のアイテムです。

そして、以下のチェック項目も「清潔感」に大きくかかわります。

●デザインはシンプルか
●ごちゃごちゃした色使いではないか
●古臭いデザインではないか

実は清潔感は、服のデザインや形によっても推しはかられるものなのです。スッキリとしたシンプルなデザインのものには清潔な印象を持ちますし、ごちゃごちゃしているデザインのものには違和感を覚えるものです。またトレーナーやパーカーのようなアイテムも取り扱いに注意が必要です。部屋着の延長線上にあり、どうしても清潔感とはかけ離れたアイテムと取られやすいので、上級者向けなのです。

そして清潔感にとって何より重要なのが、「サイズは身体に合っているか」という点で

す。身体に合っていないぶかぶかの衣服はだらしなく見えますし、不潔に見えてしまいます。

よくボトムスの丈をしっかりと調整せずに、引きずって歩いている人を見かけます。これももちろんNGです。ユーズド感は自己満足の場合が多く、傍から見るとただのボロボロのジーンズにしか見えないことも少なくありません。

逆にサイズが小さすぎてピチピチの服にも注意が必要です。結局、自分の身体にしっかりと合ったものを着ることが、清潔感にもつながるのです。

そして最後に爪、鼻毛、髪の色、ニオイなど。このような部分も清潔感に直結するので注意が必要です。**特に気をつけてほしいのが鼻毛です。どんなにおしゃれであっても、鼻毛が出ていれば一発アウトです**。鼻毛カッターは必須アイテムの1つです。他人ごとだと思っていませんか？　鼻毛が出ていることに気がつかない人は意外と多いですし、誰かが教えてくれるものではないので、細心の注意が必要です。

また髪の色も、清潔感と大きなかかわりがあります。**男性で髪の毛を茶色に染めている方をときどき見かけますが、女性に聞いてみると、思いのほか印象がよくありません**。黒髪のほうが清潔感がただよいますし、誠実な印象を与えます。大人のファッションとの兼ね合いもよいので、あえて明るく染める必要はないでしょう。

清潔感のある スタイリング

髪色は黒髪が一番
鼻毛は毎日チェック!
服のシワやシミも要注意
ズボンの裾は引きずらない

清潔感はファッションの重要な要素。どんなよい服でもくたびれて見えたら台なしになってしまいます。他の人は思っていても言えないものなので、自分で日々確認をしましょう。

女性の場合は髪を茶色に染めて、黒髪よりも軽快な感じを出すのもアリです。艶がなく、色の抜けた状態は清潔な印象とはかけ離れるので、手入れに気をつけてください。

最後にニオイです。自分ではなかなか気づきにくい部分でもありますが、服からただよう生活臭にも気をつけたいところです。そこで活躍するのが、服に吹きかけるタイプの消臭剤です。ドラッグストアなどで売っているものでもかまいませんが、おすすめはトゥモローランドなどのセレクトショップに置いているランドレスのファブリックフレッシュです。一吹きしてあげると、やわらかい香りが衣服からただようようになります。

特に男性の場合は、香水などをつけるよりも、衣服にほんのり香りづけをするくらいのほうが清潔感がただよいますし、好感度が高いのでおすすめです。

以上、清潔感にかかわる基本をお伝えしてきました。大人のファッションにおいては、人に不快感を与えない気づかいこそが大切です。清潔感を保つということは、ファッションを考えるうえで一番意識しなくてはいけないことだと思ってください。

09 髪型も年齢とともに変化すべき

「清潔感」の項目で、髪色について書きましたが、そもそも髪型は、着こなしにおける重要な構成要素です。どんなに服装が整っていたとしても、髪型がイマイチだと全体的にパッとしない印象になってしまいますし、清潔感も大きく左右されます。街で見ていても、髪型で損をしてしまっている人はとても多いように思います。

●１０００円カットで切っている
●美容室ではなく、床屋さんで切っている
●何年も同じお店で切っている
●髪型を変えるのがめんどうくさい
●美容師さんにどのようにオーダーをすればいいのかわからない

この中で当てはまるものが１つでもある場合は、髪型について改めて考えてみる必要があります。

とは言っても、**髪型に求めることはたった1つだけです。それは、「マイナス点を取らないこと」**。無理して流行っている髪型にしてみたり、若作りをしようとする必要はまったくありません。着こなしの邪魔をしない「自然な髪型」を目指すことが大切です。

まず大前提として、「どこで髪を切るのか」が大切です。男性ですと、1000円カットや床屋さんで髪を切っている方も多いですが、あまりおすすめできません。美容室へ行くようにしましょう。「地域名＋メンズ＋美容室」で検索をすると、男性でも入りやすい美容室が見つかるはずです。美容室に男性が出入りするのはまったく珍しいことではありませんので気兼ねせずにまずは1回試してみてください。

男性の髪型において大切なのは、やはり「清潔感」。この1点です。長めの髪型は好き嫌いが分かれますので、短めにまとめたほうがいいでしょう。わかりやすい例を出しますと、芸能人であれば西島秀俊さんや沢村一樹さんのような短めのヘアスタイルがおすすめです。またサッカー選手の長友佑都さんのように潔い短髪も、好感度が非常に高いです。あまり凝りすぎず、シンプルな髪型をおすすめします。

髪の毛がだんだん少なくなってきたら、思い切ってさらに短めにしてしまうのもいいでしょう。参考になるのが渡辺謙さんの髪型です。額を思い切って見せてしまったほうがかえって男らしさが際立ちます。髭を少したくわえてみたり、眼鏡でアクセントを加えたり、ほんの少しの工夫で見え方が大きく変わります。女性の場合は、長めなら井川遥さん、短めなら滝川クリステルさんのヘアスタイルが参考になります。

また、『Oggi』(小学館)や『Domani』(同)といった女性のファッション誌の中には、ヘアスタイルの紹介ページがあります。こちらを切り抜いて持っていくのも有効です。携帯電話に画像を保存して美容師さんに見せるのもいいでしょう。

髪を切る際には、このようなかたちで、参考になるような髪型を美容師さんになるべく具体的に伝えることが大切です。「短めで」「ちょっと軽く」といった曖昧なオーダーではなかなか美容師さんにイメージが伝わらないものなのです。

女性に一番支持される男性の髪色は黒です。清潔感を意識しながら整髪料でシンプルに整えましょう。眼鏡も合わせるとグッと爽やかな印象です。

女性の場合は、芸能人のヘアスタイルが参考になります。恥ずかしがらずに、美容師さんにリクエストしてみてください。

たしかにオーダーの際に芸能人の方の名前を出したり、写真を見せたりするのが恥ずかしいという気持ちはわかります。**ですが、オーダーの際に少し恥ずかしい思いをするのと、日々の生活の中でイマイチな髪型をし続けるのと、どちらが本当に恥ずかしいことなのか、比べてみてください。**それに、美容師さんからすると、髪型の参考に芸能人の写真を見せられるのはごくふつうのことです。美容師さんからすればあたりまえのことですので、まったく気にする必要はありません。美容師さんとの関係性ができてしまえば、次からはそんなに恥ずかしい思いをすることはありません。一時の恥を覚悟して、素直に美容師さんにオーダーしてみてください。

髪型で大切なのは、美容室で切ること、そしてオーダーの際には具体的な参考例を美容師さんに見せること。この2点だけ押さえておけば大丈夫です。あとは美容師さんにお任せしてください。こちらの細かいこだわりまで要望するよりは、思い切って任せてしまったほうが仕上がりがよいはずです。

新しいあなたの着こなしに溶け込むような、自然な髪型を目指してみてください。

10 ファッションアイテムのメンテナンスについて

清潔感にもかかわることですが、大人のファッションの維持に大切なのが、アイテムのメンテナンスです。せっかく買いそろえたアイテムも、そのまま使い続けてしまうと、どんどんくたびれてしまいます。ぜひ定期的なメンテナンスを行ってください。あまりこだわりすぎるのではなく、続けられる範囲で大丈夫です。

まず、服にしても靴にしても、2日連続で使わないようにしましょう。1日使ったら2日休ませる。このサイクルを忘れないようにしてください。よいアイテムも、毎日使い続けるとすぐにクタクタになります。ぜひローテーションさせてください。

また、生地にウールを含んだ洋服の場合、ひんぱんにクリーニングに出すと、ウールの油分が抜けてしまい、傷みやすくなります。ニットだけでなくジャケットやアウターなどもウールを含んでいることが多いので注意が必要です。クリーニングはシーズンに1回くらいの頻度にしましょう。代わりに、ときどきブラシをかけると、ホコリが取れますし、状態をよく保てます。

靴のメンテナンスも大切です。**靴を購入したときは、初めて履く前に防水スプレーを**

かけてあげるといいでしょう。革の表面を保護し、汚れがつきにくくなります。そして月に1度でもかまいませんので、手入れする時間を設けてください。

普段の手入れでは、まず軽く全体にブラシをかけて汚れを落としてください。その後、モウブレイなどの、半透明のデリケートクリームを全体に塗り込みましょう。革にキズがついたときには、革と同系色の乳化性クリームを塗り込めば大丈夫です。スエード靴の場合は、豚毛のブラシでささっと全体をブラッシングします。その後仕上げに防水スプレーをかけます。色が抜けたら、専用の補色リキッドを塗り込むと色が蘇えります。

靴のメンテナンスに必要な道具は、百貨店の靴売り場などにそろっています。店員さんが使い方を詳しく説明してくれますので、参考にしていただければと思います。

メンテナンスは、継続が大切です。嫌にならない程度の頻度でかまいませんので、長く大事にアイテムを扱うように心がけていただければと思います。

革靴とスエード靴では使うブラシやクリームも異なるので注意してください。どちらも初めて履く前に防水スプレーをかけ、月に1度程度手入れをすれば大丈夫です。

11 服の処分の仕方

みなさんのクローゼットの中には、しばらく着ていないけど、なかなか捨てられない服がたくさん眠っていませんか？　たとえば、

●着こなし方がよくわからない服
●思い出があってなかなか捨てられない服
●結構高かったけど全然着ていないブランドものの服

などです。Ｐａｒｔ１でもクローゼットの断捨離についてお伝えしましたが、ファッションを大きく変えるためには、まずは大幅に服を手放すことが大切です。

新たに買い足すことが先ではなく、まずは捨てることから始めなければなりません。この順番がとても大切です。とはいっても頭では理解しているけど、なかなか服が捨てられないというのが多くの方の悩みどころだと思います。そういう私自身も実は服を捨てるのがとても苦手です。物を粗末にしているような気持ちになってしまうのです。

捨てることが苦手な私は、まず服を「売る」という選択肢を考えます。RAGTAG（ラグタグ）やコメ兵といったリサイクルショップに、着なくなった服を持ち込みます。ブランドものを中心としたアイテムを対象に買い取りをしてくれます。この本の中で紹介しているセレクトショップで購入したアイテムでしたら、基本的にこれらのお店で買い取りをしてくれるはずです。ブランドもの以外も、ジャンブルストアなど、ダメージのひどい服でなければ買い取ってくれるというお店はたくさんあります。買取価格はあまり高くはないですが、捨てるよりも気持ちは楽ですので、積極的に使ってみてください。

大量の服を店頭まで持っていくのは一苦労という方は、ダンボールに梱包してお店に送ることもできます。たくさんの量を手放す場合でも安心です。またH&Mでは、古着の回収を行っています。割引クーポン券と交換してくれますので、お近くの方はH&Mを利用するのもいいでしょう。

「捨てる」という行為が苦手な方でも、再利用するために積極的に衣服を手放すと考えると、いくらか気持ちは楽になるかと思います。一度服を手放すと、それ以降はハードルが低く感じられるはずです。「着る服がない」というくらいに衣服を整理できたら、いよいよ買い物に移れるタイミングです。1年に1度はクローゼットの中身を見直すのもおすすめです。ぜひ思い切った衣服の整理をしてみてください。

12
全身が見える姿見を買おう

何事でも、スキルを高めるためには練習が必要です。服選びにおいての練習とは、「試着」を繰り返すことです。

さまざまな服に実際に袖を通してみることで、新たな発見が生まれますし、ファッション感覚も少しずつ磨かれていきます。もちろんお店でたくさん試着をするのがベストなのですが、最初のうちはどうしても気恥ずかしいというのも事実です。そんなときに頼りになるのが「姿見」の存在です。

お店が恥ずかしいなら、自宅にある服でいろいろなコーディネートを試せばいいのです。ただし、洗面所の鏡では全身のバランスを見ることができないので、NGです。必ず全身がしっかりと映る姿見を用意してください。新しい服を買ったら、その日のうちに鏡の前でどんな服と合わせるのかを確認することをおすすめします。

たとえば紺のジャケットを買ったとします。まずはジーンズ、コットンパンツ、スラックスなどボトムスをどんどん替えながら着回しを確認していきます。ボトムスの次はシャツを替えていきます。白いシャツ、チェックのシャツ、デニムのシャツ。それぞれの見え方をチェックしていきます。

1枚のジャケットを買うだけで、さまざまなコーディネートが可能になることを実感していただけると思います。アイテムを買っただけでは、まだイマイチどのように活用するのかが想像しにくいですので、鏡の前で着回しを想定しながら確認していくことが大切です。

おしゃれな人というのは、このような試着を何度も繰り返しています。まさにファッションにおける練習をたくさん積んできた人たちなのです。ファッションが苦手という人は、今からでも遅くありませんので、自宅でコツコツと着こなしの練習を繰り返してみてください。

鏡の前に立つのが気恥ずかしいという人もいるかと思います。しかし家で恥ずかしい思いをたくさんしておけば、外で恥ずかしい思いをすることがなくなります。新しい自分のファッションに自信を持つためにも、少しでも見慣れておくことが大切です。気恥ずかしさを1つずつ乗り越えていくことが、着こなしを変えるためにはとても重要なポイントになるのです。

13 体形を気にするよりも、姿勢を意識しよう

服選びを考えるときに、多くの方が気にするのが「体形」です。私がお客さまに服をおすすめしたときも「私の体形には似合わない」「私の身長では着こなせない」と言う方は意外と多いです。たしかに体形がよいほうが、着られる服の選択肢は広がるのは事実です。

ですが、日々さまざまな体形の悩みを抱える方をスタイリングしている私の立場からすると、**どんな人でも今の体形のままで最大限素敵に服装を楽しむことは、充分に可能だと思っています**。

私のお客さまの中には太っている方もいれば、痩せすぎている方もいます。身長が低い方もいれば、高すぎて服に困っている人もいます。しかし、そもそもふつうの体形の人というのは実はそんなに多くないのです。みなさん少なからず自分の体形に関して、あまり好きではない部分を抱えているものです。

そして、そのような体形の悩みは大きな問題ではありません。この本の中でご紹介させていただいたアイテムは、基本的に誰でも似合うようなものを中心にご紹介していま

す。ベーシックな衣服であれば、体形にかかわらず、誰でも着こなすことができるのです。服の選択肢は狭まるにしろ、必ず着こなしを楽しむことができます。

もしあなたがご紹介した服装がしっくりこないと思うなら、それは体形のせいではなく、気持ちの問題かもしれません。自信がなさそうにしていると、人から見た印象はよくなりにくいものです。この本でお伝えしてきた服の選び方は、どこに出ても恥ずかしくないと言い切れるものです。自分の服装に自信を持ってください。堂々としている人ほど好感を得られやすく、周りに人が集まってくるものです。

そしてもう1つ大事なのが、姿勢の問題です。どんなにスタイルがよくても、猫背で

立ち振る舞いや歩き方で、ファッションの見え方は大きく変わってきます。背筋をのばして堂々とした姿勢を心がけてください。横や後ろから見て背中が曲がっていないか、鏡で確認したり、人に意見を聞いてみるといいでしょう。

歩いている人は残念ながら素敵なファッションには見えません。逆に身長が低くても、**背筋がピンと伸びていて、堂々と歩いている人にはやはり素敵な雰囲気がただよいますし、なにより着こなしがグンと映えます。**

私は体形の良し悪しよりも、姿勢のほうが、よっぽどファッションに大きな影響を与えていると思っています。試しに街でおしゃれだと思う人を観察してみてください。そうした人は、ただ単にファッションが優れているというだけではなく、歩き方や雰囲気全体からおしゃれなオーラがただよっているはずです。

そして堂々と姿勢よく歩けているかどうかは、自分の着こなしに自信を持っているかどうかと大きく関係しています。私は太っていても、背が小さくても素敵な人をたくさん知っています。むしろ自分の体形をしっかりと理解して、その中で服選びを楽しんでいる人は魅力的ですし、とても好感が持てます。

まずは背筋を伸ばして、堂々と歩いてみてください。今の自分の体形を嘆くのではなく、自分の姿勢を意識してみましょう。きっとあなたの着こなしが、2倍も3倍も素敵に見えるはずですよ。

14 雑誌は服選びを磨く教科書

服選びの基本を押さえたあと、さらなるステップアップのために大切なのが、さまざまなアイテムやコーディネートを「見慣れる」ことです。「こういう着方ができるんだ」「こういうアイテムの選択肢があるんだ」といった情報を自分の中に蓄えていくことで、服選びにおける食わず嫌いが少しずつ克服できるようになります。

そのために有効なのが、ファッション誌を読むことです。さまざまな種類がありますが、ここではいくつかおすすめの雑誌を紹介したいと思います。

男性でしたら『Ｂｅｇｉｎ』（世界文化社）と『ＭＥＮ'Ｓ ＣＬＵＢ』（ハースト婦人画報社）をおすすめします。『Ｂｅｇｉｎ』はカジュアル寄りの雑誌ですが、ベーシックなアイテムの紹介が多く、服選びが苦手な方でもわかりやすいです。『ＭＥＮ'Ｓ ＣＬＵＢ』はジャケットを着用した大人の休日スタイルの提案が多く、参考になります。

女性でしたら『Ｏｇｇｉ』（小学館）や『Ｄｏｍａｎｉ』（同）がおすすめです。どちらもシンプルで気取らない自然体のコーディネートが学べ、オンオフ問わずに使えるアイテムも多数掲載しています。

雑誌の読み方にはコツがあります。それは1つのテーマに集中して読むことです。たとえば、今自分のクローゼットに足りていないのが、休日に履ける革靴だった場合、靴だけに集中して雑誌を読み込むのです。どんな靴がおすすめされているのか、紺のジャケットにはどんな靴が合うのか。靴だけに集中して雑誌を読むと、得られる情報が多いのです。まんべんなく雑誌を読んでいると、得られる情報も散漫になってしまいます。まずはアイテム毎にテーマを決めてファッション誌を読み込んでください。ほしいものが明確にあるときには、書店でいくつか雑誌をめくり、その情報が掲載されていたら購入する、というのもいいです。

そして最近ではファッション誌だけではなく、スタイリストの方や編集者の方が手がけているファッション本も多く出版されています。これらにも目を通すと勉強になります。ファッション誌とは異なり、流行を伝える側面は少なめで、ベーシックなアイテムの紹介や着こなし方のルールを教えてくれるものが多いです。雑誌と合わせて読んでおくのがいいでしょう。

男性でしたらファッションディレクターの森岡弘さん、松屋銀座のバイヤーである宮崎俊一さん、女性でしたらスタイリストの大草直子さんや『Oggi』で活躍するエディターの三尋木奈保さんの著書がとても参考になります。またショップやスタイリストさんのブログも、着こなしの参考になるものが多いので、いくつかご紹介したいと思います。

- ●セレクトショップ「サンクエッセンシャル」のブログ（http://www.cinqessentiel.com/blog）
- ●「ユナイテッドアローズ」のブログ（http://www.united-arrows.jp/store_blog/）
- ●スタイリスト大草直子さんのブログ（http://hrm-home.com/blog/）
- ●スタイリスト菊池京子さんのホームページ（http://kk-closet.com/）

雑誌や書籍、ウェブサイトを通じて、少しずつ服に関する知識を増やしていってください。苦手な服が減り、ファッションをより楽しむことができるようになるでしょう。

雑誌や本はファッションの大切な教科書。得たい情報をしぼってじっくり読み込んで、感覚を磨いてください。

15

ファッションメモをつける

ここまでの内容を読んで、大人のベーシックなファッションに踏みだそうと思っていただけましたでしょうか？　そんな方に、最後におすすめしたいことがあります。それは「ファッションメモをつける」ことです。というのも、頭の中だけで自分の洋服を管理しようというのは、とても難しいからです。ファッションメモといってもそんなに大げさなものではありません。メモの内容は、2つのリストだけです。

まずは、今、どんな服を持っていて、これからどんな服が必要かを書き出します。これが**①ファッション管理リスト**です。これを見ながら買い物をすると、とてもスムーズです。もう1つが、1年間を通してどんな服を買ったのかを記録する**②買ったものリスト**です。年末に1年間でどんな買い物をしたのかを振り返り「これは買ってよかった」「あれは失敗だった」と確認します。**何がよくて何が失敗だったか。記録をして振り返ることで同じ失敗を避けることができますし、バランスよく買い物をすることができます**。たとえ失敗したとしても、目的を持って買い物をしたうえでの失敗であれば無駄ではありません。ぜひメモをつけましょう。

具体的なメモの記入の仕方について簡単にお伝えします。まずは「ファッション管理リスト」。1週間を想定して、必要な服の数を決めてください。たとえばシャツなら5着、スカートは4着など、必要最低限の数を先に決めてしまいます。次に服の種類ごとに、今自分が持っている服を書き出します。たとえば「シャツ」であれば、「ユナイテッドアローズの白のボタンダウンシャツ」というように書いていくのです。その次に、今後そろえたいアイテムを下に書き足します。

【シャツ（3枚）】
★ユナイテッドアローズの白のボタンダウンシャツ
★スーツカンパニーのピンクのボタンダウンシャツ
☆ギンガムチェックのカッタウェイシャツ

すでに持っているアイテムは★、今後そろえたいアイテムは☆といったようにマークを変えて区

頭のなかだけでファッションを管理するのは難しいものです。ファッションメモをつけることで、客観的な視点が加わります。

別しておくとわかりやすいです。買い物の際には、☆のついたものだけを探せばいいのでお店で「何を探していたんだっけ？」と悩むことがなくなります。

続いて、「買ったものリスト」ですが、買った時の日付、買ったお店、買ったアイテム、値段を書いてください。そして一言、感想を添えておくといいでしょう。値段の隣に5段階評価で点数を書き込んでおくのも有効です。

5／29　スーツカンパニーのピンクのボタンダウンシャツ　6千円（5点）

↓ピンクは意外と着られる。上にジャケットを着るといいかも。

これくらい簡単な感想でいいのです。買ったばかりの時期に感想を書くよりは、少し時間を空けてから書くほうがいいでしょう。そのほうがそのアイテムをどのように活用したかがわかりやすいからです。**こうしたファッションメモをつけることで、1年間を通じた買い物を振り返ることができますし、今後の目標も立てやすくなります。**

ちなみに私の場合は、いつでも持ち歩きやすいように携帯電話のメモ帳に書き込んでいます。どんな方法でもかまいませんので、みなさんもぜひ試してみてください。

おわりに

最後まで読んでいただき、ありがとうございました。この本では5つのPartにわたり、大人の着こなしの技術について書いてきました。

最後まで読み終えて、「これで洋服はバッチリだ！」と思われているかもしれませんが、そうではありません。ようやくあなたは大人のファッションを楽しむための、スタートラインに立ったんです。服選びが本当に楽しくなるのはこれからです。

そもそも、本来服選びには明文化されたルールはありません。ルールがないからこそ、何を着たらいいのか分からないと悩んできたのではないでしょうか。しかし今のあなたは違います。この本では「大人のファッション」という枠を作り、その着こなしの技術を説明してきました。このルールに沿っていれば、今までの着こなしの悩みはなくなり、心おきなくファッションを楽しむことができます。あなたの人生に、一つの大きな「楽しさ」が加わったのだと思ってください。

基本的な技術を知っていれば、いくらでも応用することができます。時には失敗も楽しみながら、少しずつ新しい着こなしを開拓してみてください。ファッション雑誌を読んだり、お店で試着したりすることがずっと楽しくなるはずです。

街で売られている服は、日々ゆるやかに変わり続けています。同じ白いシャツや同じジーンズでも、実は流行によって少しずつ変わっています。そんな変化に合わせて、あなた自身も少しずつ変わり続けることを楽しんでください。自分の変化を楽しめる人は、時代遅れの古臭い服装にはならないものです。街へ出て、色々な物に袖を通しながら、新しい発見を楽しんでみてください。

この本が、あなたの人生を変える1つのきっかけになったとしたら、とても嬉しく思います。最後に、本を書くという素晴らしい機会を与えてくれましたブランド経営コンサルタントの坂之上洋子さん。そしてｃａｋｅｓの加藤さん。拙い文章を最後まで根気強く磨き上げてくれました編集の大熊さんと平松さん。心から感謝いたします。読者のみなさまがファッションを楽しみ、自信を持って日々を過ごされることを心から応援しています。

大山旬

2015年　6月

大山 旬
おおやま しゅん
パーソナルスタイリスト。アパレル勤務、転職アドバイザーを経て独立。「自信を高めるファッション」をモットーに、社会人向けのファッションコーディネートサービスを提供している。経営者、会社員、公務員、主婦、セカンドキャリア層から有名人まで、顧客は多岐に渡り、仕事でのイメージアップから婚活まで、さまざまな目的にあわせて、1000名以上のスタイリングを手がけてきた。自身も164cmという低身長のコンプレックスをファッションに助けてもらった経験から、さまざまな体型の悩みの解決にも取り組んでいる。『はなまるマーケット』（TBS）、『おはよう日本』（NHK）、『週刊SPA!』（扶桑社）、『日経トレンディ』（日経BP）などの、メディアへの出演も多数。

できれば服にお金と時間を
使いたくないひとのための
一生使える服選びの法則

2015年6月25日　第1刷発行

著者　大山 旬
発行所　ダイヤモンド社
〒150-8409
東京都渋谷区神宮前6-12-17
http://www.diamond.co.jp/
電話　03-5778-7233（編集）
03-5778-7240（販売）
ブックデザイン　Better Days
写真　中村文則
本文DTP　桜井淳
校閲　鴎来堂
制作進行　ダイヤモンド・グラフィック社
印刷　加藤文明社
製本　宮本製本所
編集　今泉憲志／加藤貞顕・大熊信・平松梨沙（cakes）

ISBN　978-4-478-06638-6